Travessias e cruzamentos culturais
A MOBILIDADE EM QUESTÃO

HELENICE RODRIGUES E HELIANE KOHLER
organizadoras

Travessias e cruzamentos culturais
A MOBILIDADE EM QUESTÃO

ISBN — 978-85-225-0657-6
Copyright© Helenice Rodrigues e Heliane Kohler

Direitos desta edição reservados à
EDITORA FGV
Rua Jornalista Orlando Dantas, 37
22231-010 — Rio de Janeiro, RJ — Brasil
Tels.: 0800-21-7777 — 21-2559-4427
Fax: 21-2559-4430
e-mail: editora@fgv.br — pedidoseditora@fgv.br
web site: www.editora.fgv.br

Impresso no Brasil / *Printed in Brazil*

Todos os direitos reservados. A reprodução não autorizada desta publicação, no todo ou em parte, constitui violação do copyright (Lei nº 9.610/98).

Os conceitos emitidos neste livro são de inteira responsabilidade dos autores.

1ª edição — 2008

PREPARAÇÃO DE ORIGINAIS: Maria Lucia Leão Velloso de Magalhães

EDITORAÇÃO ELETRÔNICA: FA Editoração Eletrônica

REVISÃO: Fatima Caroni e Tatiana Viana

CAPA: Adriana Moreno

Ficha catalográfica elaborada pela
Biblioteca Mario Henrique Simonsen / FGV

   Travessias e cruzamentos culturais: a mobilidade em questão / Helenice
      Rodrigues, Heliane Kohler, organizadoras. — Rio de Janeiro : Editora
      FGV, 2008.
      204 p.

      Inclui bibliografia.

      1. Mobilidade social. 2. Migração. 3. Mudança social. 4. Aculturação.
   5. Exílio. I. Silva, Helenice Rodrigues da. II. Kohler, Heliane. III. Fundação
   Getulio Vargas.

                                                        CDD – 301.44044

SUMÁRIO

Apresentação   7
   Helenice Rodrigues e Heliane Kohler

Introdução teórica   13
   Helenice Rodrigues e Heliane Kohler

PARTE I – EXÍLIO
  1. O exílio dos intelectuais e os intelectuais exilados   23
     Helenice Rodrigues

PARTE II – EXPRESSÕES LITERÁRIAS DA MIGRAÇÃO
  2. Interações verbais, interculturais e percepções do personagem-narrador migrante em Caio Fernando Abreu   49
     Heliane Kohler
  3. Travessias culturais e identitárias na narrativa de Milton Hatoum   65
     Vera Lucia Soares
  4. Migrações e nomadismo no discurso literário das Américas — duas expressões: o neoquebequense Sérgio Kokis e o mexicano Carlos Fuentes   83
     Maria Fernanda Arentsen

Parte III — DESTERRITORIALIZAÇÃO DE MODELOS POÉTICOS

5. O claro e o turvo — paisagem e cultura em Cláudio Manuel da Costa 99
   Eliana Scott Muzzi

6. A travessia cultural de *A força do destino* 115
   Angelina Vinagre Mendes

Parte IV — EXTRA E INTRATERRITORIALIZAÇÃO CULTURAL

7. Importação e apropriação de doutrinas: o republicanismo no Brasil no século XIX através do exemplo de Cipriano Barata 131
   Renato Lopes Leite

8. Mediação intelectual e percursos da cultura no Brasil dos anos 1930: o caso da Coleção Brasiliana e da Cia. Editora Nacional 149
   Eliana Freitas Dutra

9. Sobre Carmen Miranda, Pato Donald e manuais escolares 173
   Walnice Nogueira Galvão

Parte V — DESLOCAMENTO: UM MITO?

10. O lugar da exterritorialidade 183
    Laurent Jeanpierre

APRESENTAÇÃO

Helenice Rodrigues e Heliane Kohler

Os trabalhos que compõem este livro têm por autores professores-pesquisadores provenientes de diferentes disciplinas das ciências humanas e sociais: literatura comparada, literaturas brasileira e latino-americana, ciências da linguagem, história, sociologia, ciência política... Inseridos nos espaços latino-americano, francófono e anglo-americano, esses autores são, em sua maioria, portadores de experiências trans/pluriculturais, sendo alguns radicados no estrangeiro e tendo outros vivido vários anos fora do Brasil.

Nesta época de instabilidades e mutações culturais — globalização, circulação virtual, importante fluxo migratório em todos os continentes, interseções de culturas etc. —, experiências de desterritorialização, de adaptações e de inserções em outros universos culturais podem ajudar a melhor apreender os sentidos da noção polissêmica de "mobilidade".

Repensar as mudanças espaciais, as produções culturais, as transposições e transformações de modelos estéticos e políticos à luz dos novos paradigmas epistemológicos e parâmetros socioeconômico-culturais constitui o objetivo desta publicação. Se, em função das diferentes áreas disciplinares, os trabalhos aqui apresentados se distinguem pela diversidade dos objetos de estudo, das abordagens, dos pontos de vista, eles também convergem na direção de uma problemática comum. Intrínseca à idéia de movimento, a noção de "mobilidade" encontra-se nos interstícios desses estudos. Extremamente diversificada, a experiência da mobilidade impossibilita análises redutivas e aplicações restritivas. Assim, torna-se insensato pretender traçar um retrato unívoco de suas supostas virtudes ou de seus pretensos vícios.

A desterritorialização, deslocamentos de realidades mutáveis expostas a incessantes evoluções, a circulação, apropriações e transformações de formas e idéias atravessam a totalidade dos estudos, divididos em cinco partes ou rubricas: Exílio, Expressões Literárias da Migração, Desterritorialização de Modelos Poéticos, Extra e Intraterritorialização Cultural e Deslocamento: um Mito?

Metáfora do deslocamento, o objeto "exílio" introduz nossa reflexão sobre a circulação de pessoas e idéias e as transposições culturais. À luz de uma "história cruzada", Helenice Rodrigues enfoca notadamente o exílio político dos intelectuais brasileiros e chilenos na França, nos anos 1960/70, inscrito no contexto ideológico antiimperialista. Impregnado de forte herança revolucionária, o "campo" intelectual francês estimulou, nesse momento, a circulação dos intelectuais, originários em grande parte do Terceiro Mundo. Mas, além dos inevitáveis dramas existenciais (as rupturas do indivíduo com seu meio sociocultural), o exílio é repensado como uma possibilidade e o "privilégio" de ultrapassar os enraizamentos identitários, condição necessária a todo processo de transculturação. Relacionando duas figuras: o exílio (dos intelectuais) e os "intelectuais exilados", a autora aponta o desenraizamento e o distanciamento espaço-cultural como situações propícias à criatividade intelectual e ao desenvolvimento de um pensamento crítico.

Os trabalhos reunidos na segunda parte concernem a textos de escritores contemporâneos — Caio Fernando Abreu, Milton Hatoum, Sérgio Kokis e Carlos Fuentes —, que, vivenciando de diferentes maneiras a desterritorialização, exploram a temática da migração e do nomadismo. Se a vivência da errância levou esses autores a questionarem o sentido de "ser" aquele que veio de fora, e do "estar" em situação de migrante, a literatura constitui o espaço por excelência para repensar as complexas relações entre o Mesmo e o Outro, as aporias identitárias, os contínuos e inacabados processos de invenções identitárias, através de personagens "deslocadas" ou portadoras de outras línguas e culturas. O processo de elaboração da "terceira opção" (Heliane Kohler), da "terceira cultura" (Maria Fernanda Arentsen) e/ou do "terceiro espaço" (Vera Lúcia Soares), resultantes do "entre-dois"[1] universos culturais, fundamenta os estudos das três autoras, cujas obras analisadas constituem não só espaços de questionamento da mobilidade mas também de objeções de identidades redutoras.

Concentrando-se no estudo do conto "London, London ou Ajax, Brush and Rubbish", que se refere ao período londrino de Caio Fernando Abreu (1973/74), o texto de Heliane Kohler procura explicitar a experiência migratória do personagem-narrador e as razões do choque cultural sentido pelo protagonista. Além do contexto espaço-temporal — a Londres de 1973 —, a análise se reporta aos encontros/confrontos culturais, às percepções identitárias, aos diálogos interculturais, desvendando a estratégia de sobrevivência[2] adotada pelo personagem-narrador para conseguir resistir e existir num universo insuspeitável.

Interessando-se, na condição do ser imigrante representada na narrativa de Milton Hatoum, por travessias e cruzamentos entre diferentes culturas, Vera Lúcia Soares analisa questões como as contínuas errâncias e as negociações necessárias no convívio com as diferenças, os conflitos identitários, as personagens que, "fora do lugar", buscam além das fronteiras um "terceiro espaço" de criação ou invenção de novas identidades. Seu estudo aponta possibilidades de novas construções identitárias que expressem a constante mobilidade do homem contemporâneo.

Maria Fernanda Arentsen, por sua vez, explicita as diferenças de tratamento da migração e do nomadismo em Carlos Fuentes, escritor mexicano, e em Sérgio Kokis, escritor "migrante" neo-quebequense originário do Brasil. Examinando o comportamento de suas respectivas personagens, a análise revela as diferenças de mecanismo identitário nas obras desses dois escritores. Se em Fuentes predomina o jogo binário do "nós" (os mexicanos)/"eles" (os gringos) — permanecendo a descrição da alteridade "monolítica e estereotipada"—, a obra de Kokis apresenta "a desconstrução dos mitos do paraíso perdido e/ou a ser conquistado e dos refúgios nas identidades construídas a poder de exclusões". A autora procura mostrar como as personagens de Kokis se enquadram nesse esquema de deslocamentos, próprio do contexto da globalização.

---

[1] Cf. Sibony, 1991.
[2] Cf. Porto, 2003.

Inerente à idéia de processo, a "transculturação"[3] implica, como se sabe, movimentos de assimilação, apropriação, transposição, transformação de modelos estéticos e poéticos europeus, gerando novos produtos culturais, sob o selo do hibridismo. A questão das travessias e transferências culturais inscreve-se, portanto, nas histórias literárias das Américas coloniais e pós-coloniais como traço específico e fonte das reflexões sobre as heterogeneidades, criadoras das literaturas nacionais.

O estudo de Eliana Scotti Muzzi referente à produção poética setecentista de Cláudio Manuel da Costa ilustra, com nuanças, esse processo de transculturação. Imbuído dos valores e das formas da cultura européia, o poeta inconfidente, colono nascido no "rude ambiente das Minas", vivencia "choques culturais" ao voltar à terra natal, após sua temporada de estudos em Coimbra. A sutil e rigorosa análise da evolução da produção poética do autor mineiro tem como ponto de partida o difícil processo de inserção de seus poemas no novo contexto espaço-temporal, "conflito enraizado no terreno ambíguo e movediço de onde fala o poeta". Desvendando o lento processo de transformações e recriações nos transplantes culturais da poesia de Cláudio Manuel da Costa, o trabalho de Eliana Scotti Muzzi retrata os primeiros sinais de uma cultura emergente na região das Minas.

Por sua vez, a reflexão de Angelina Vinagre Mendes sobre a obra epônima de Nélida Piñon *A força do destino*, que se nutre no libreto da ópera de Verdi, visa demonstrar o processo de transformação que a autora opera nessa obra pela própria subversão do drama musical. "É através de cortes que o enredo do livro se desterritorializa, se dissemina pela Espanha, Itália, França e Brasil." Na obra de Nélida Piñon, a ópera de Verdi se metamorfoseia em música popular, refletindo a "própria história multicultural brasileira".

Próprios da história cultural latino-americana, os fenômenos de transferências culturais — notadamente dos Estados Unidos e da Europa — são abordados na quarta parte ou rubrica. Em razão das inevitáveis defasagens históricas e temporais, as idéias políticas na América Latina — tributárias das matrizes intelectuais estrangeiras — sofrem processos de reapropriação

---

[3] Cf. Bernd, 2003b.

e transformação. Tratando do republicanismo no Brasil no século XIX, o texto de Renato Lopes Leite propõe demonstrar, através de discursos do deputado radical Cipriano Barata, a deformação da linguagem da "virtude republicana" vinda da Revolução Norte-americana e da Revolução Francesa do final do século XVIII. Implantada tardiamente no Brasil, a República, como explicita o autor, reproduz, na verdade, os vícios políticos existentes no país desde o Império.

Nestes últimos anos, os estudos relativos à história do livro, da edição e da leitura tornaram-se objeto de especulação e de análise por parte de especialistas em cultura política nacional. Elaborados na França nas últimas décadas, eles têm motivado interessantes trabalhos sobre os projetos intelectuais e as políticas públicas do Estado brasileiro. Através do estudo da Coleção Brasiliana — "parte de uma pauta política e intelectual de refundação da nação" — e da Cia. Editora Nacional, o trabalho de Eliana Freitas Dutra procura recuperar os vínculos existentes entre um projeto intelectual que serviu de definição de políticas públicas nos anos 1930 e uma política editorial.

Referindo-se aos dois períodos ditatoriais no Brasil — o de Getúlio Vargas e o do regime militar —, o texto de Walnice Nogueira Galvão explicita questões de política cultural, interna e externa, das duas ditaduras, política que visava reforçar a ideologia nacionalista. Tratando da "política de boa vizinhança" entre os Estados Unidos e o Brasil, a autora assinala as circulações culturais entre os dois países no período de Getúlio Vargas, como a "migração" de Carmen Miranda para os EUA e o envio de Orson Welles para dirigir um filme no Brasil. O mito de Carmen Miranda e o personagem Zé Carioca, de Walt Disney, são pensados não só como ilustração de estereótipos do brasileiro pelos americanos, mas sobretudo como estratégia ideológica desse período histórico.

Com um outro enfoque (sociológico e político) e olhar (hipercrítico) sobre as experiências de "entre-mundos" culturais, o texto de Laurent Jeanpierre pareceu-nos indispensável nesta publicação, que aspira à pluralidade em todos os sentidos. Jovem pesquisador de uma universidade francesa, autor de uma brilhante tese sobre o exílio dos intelectuais franceses nos Estados Unidos durante a II Guerra Mundial, Laurent Jeanpierre pertence a uma geração pouco habituada a situações de desterritorialização. Seu distanciamento em relação à experiência intelectual e cultural dos anos 1960/70 na França — momento em que se atribui "eficácia cognitiva e política" à idéia de mobilidade — o conduz a elaborar uma análise rigorosa das "linhas de fuga e de luta". Se, como sugere o autor, a cartografia atual excede na apresentação dos fluxos migratórios — sinais das novas relações de poder —, na realidade, ela somente detecta sua territorialidade (a experiência do nomadismo se transforma, na maioria das vezes, em sedentarismo), não sendo, portanto, capaz de anunciar "o possível poder das exterritorialidades, das fugas de nossas lutas e das forças de nossas fugas".

Não visando uma posição homogênea, este livro coletivo procura repensar, à luz de novos aportes epistemológicos, exemplos significativos de *mobilidade*, contribuindo também para a reflexão atual sobre os cruzamentos e transferências culturais, e para a necessária federação disciplinar.

Referências bibliográficas

BERND, Zilá. *Americanidade e transferências culturais*. Porto Alegre: Movimento, 2003a.

——. Os deslocamentos conceituais da transculturação. In: BERND, Zilá. *Americanidade e transferências culturais*. Porto Alegre: Movimento, 2003b.

PORTO, Maria Bernadette. Negociações identitárias e estratégias de sobrevivência em textos de migrações nas Américas. In: BERND, Zilá. *Americanidade e transferências culturais*. Porto Alegre: Movimento, 2003.

SIBONY, Daniel. *Entre-deux: l'origine en partage*. Paris: Seuil, 1991.

INTRODUÇÃO TEÓRICA

Helenice Rodrigues e Heliane Kohler

Compreendida como o conjunto das expressões do movimento que animam as relações entre o homem, a sociedade e o espaço, a noção de *mobilidade*, é importante ressaltar, tornou-se uma idéia valorizadora com os filósofos do Iluminismo, que insistiram nas virtudes libertadoras da viagem.[1] Desde então, essa noção passou a ser sinônimo de liberdade e de emancipação social. Para o filósofo Gilles Deleuze, a mobilidade constitui a essência do ser, o instrumento de sua criatividade e de sua constante adaptação ao contexto espaço-temporal.[2]

Definido em termos filosóficos, o *nomadismo* ("mobilidade" para Deleuze[3]) refere-se a uma prática geográfica de migração, mas também a alguma coisa de irredutível na identidade humana. Uma leitura antropológica da "mobilidade" em Deleuze revela um tropismo de uma identidade refratária. De fato, desenraizar-se é um ato revolucionário que confirma uma mudança identitária, isto é, aceitar "desterritorializar-se", ou seja, ceder à "pulsão de errância", não interiorizar a ordem pretendida pelo Estado e consentir em tornar-se um fenômeno de "margem",[4] um *outsider*. O

---

[1] Cf. Villepontoux, 2004.
[2] Apud Villepontoux, 2004:657.
[3] Deleuze e Guattari, 1980.
[4] Ibid., p. 299.

Estado tem a pretensão de ser "a imagem interiorizada de uma ordem do mundo e de enraizar o homem",[5] sendo o nômade aquele que se rebela contra a ordem pretendida pelo Estado, saindo da linearidade da história e da territorialidade identitária. A mobilidade (nomadismo) renova, portanto, a questão identitária, que não é um processo acabado, mas um devir que se opõe à identidade fixa da norma.[6]

Dessa forma, a *desterritorialização* permanente, que induz o fenômeno do "nomadismo", significa para Deleuze descentrar-se continuamente em relação à norma, ousar encarnar um novo esquema identitário e recusar o fechamento em um "pensamento único". Trata-se, portanto, de uma "desterritorialização" interior, geográfica, social ou cultural.[7]

É importante assinalar que, na filosofia de Deleuze, o conceito de "rizoma" é o vetor dessa desterritorialização permanente que induz o fenômeno do nomadismo. É, portanto, o fato de descentrar-se perpetuamente em relação à norma e de ousar encarnar um novo esquema identitário. Evocando o caráter irregular e prolífero das estruturas de pensamento, para Deleuze "um rizoma não começa e não chega a nenhum lugar, ele está sempre no meio, entre as coisas, 'inter-ser', *intermezzo*". A árvore — ou seja, o esquema arborescente — é filiação, apenas aliança, e impõe o verbo "ser", mas o rizoma tem por tecido a conjunção "e... e... e", capaz de sacudir, de desenraizar o verbo ser,[8] o que significa sair da linearidade da história — ato revolucionário, como já mencionamos, que sela uma mudança na identidade, isto é, a aceitação de "desterritorializar-se".

Noção complexa para as ciências humanas, a "mobilidade" coloca a questão da relação com o mudável e com o espaço, questão fundamental nos tempos atuais. Segundo o sociólogo Michel Maffesoli, leitor de Deleuze, se a imobilidade é assimilada ao poder, a *mobilidade* é, por sua vez, comparada a uma liberdade capaz de destruir o quadro normativo das sociedades modernas e suas saturadas categorias: "o indivíduo, a identidade, a nação, o Estado".[9] Maffesoli associa o "nomadismo" à noção de

---

[5] Deleuze e Guattari, 1980:36.
[6] Cf. Szczyglak, 2003.
[7] Deleuze e Guattari, 1980:298.
[8] Ibid., p. 36.
[9] Maffesoli, 1995:133.

"anomia", prefigurando o nascimento, a fundação de algo novo, o devir, a renovação, a transformação. Por outro lado, o "nomadismo" antropológico é inseparável da marginalidade: *"Ce à quoi nous habitue le nomadisme contemporain, c'est de permettre à tout un chacun de vivre dans un espace où il n'y a plus de centralité"*.[10] Para esse sociólogo, o nomadismo comporta, portanto, uma dimensão epistemológica que conduz a uma "liberação holística" e que corresponde à universalidade de um tropismo antropológico que hoje se rebela contra um "universalismo abstrato" associado à "mundialização".

Reatualizando a problemática do nomadismo — que recupera a ontologia contida na idéia de uma universalidade abstrata vinda do Século das Luzes —, Michael Hardt e Antonio Negri evocam os conceitos de "multidão móvel" e de "circulação" para definir a idéia de que, nos dias atuais, a humanidade, como conceito "mundializado" e universal, só pode ser associada ao conceito de "comunidade móvel", ou seja, a mobilidade humana.[11] "É pela circulação humana que a humanidade se constitui." Haveria uma "dimensão espacial da ontologia" que seria hoje demonstrada pelos processos concretos de "mundialização" — ou seja, *communisation* da multidão, do desejo de comunidade humana. A circulação torna-se um "êxodo mundial, isto é, um nomadismo, e é um êxodo físico, uma mestiçagem".[12]

Sinônimo de "mudança", o conceito de "mobilidade" permite considerar o homem e a sociedade realidades móveis expostas a incessantes evoluções. Ora, não se pode esquecer que, nos dias atuais, a *mobilidade* exprime igualmente uma palavra de ordem das estratégias econômicas (flexibilidade, adaptabilidade, mas também precariedade), num mundo globalizado onde tudo evolui de maneira extremamente veloz. "Mobilidade" significa assim adaptação às novas regras do mercado, o que exige deslocamentos e efemeridade.

Designando, portanto, a passagem de uma economia internacional a uma economia mundial sob o efeito da globalização financeira, a "mundialização" traduz igualmente a extensão, em escala planetária, das novas

---

[10] Maffesoli, 1995:123.
[11] Hardt e Negri, 2000:17.
[12] Ibid., p. 436.

tecnologias de informação e de comunicação. Se a globalização se dá em termos de eliminação de fronteiras, tempo e espaço, essa mundialização não significa necessariamente homogeneização cultural. Pelo contrário, a hibridação parece ser a marca de toda cultura, visto que é sempre produto de uma translação e de movimentos de interseções.

Nessa era planetária, o fenômeno da circulação de bens, pessoas e idéias vem mobilizando há quase duas décadas as ciências humanas e sociais, impondo novas reflexões sobre os processos de transferência, de apropriação e de transformação do conhecimento. Conotando passagens e cruzamentos, essas temáticas (desterritorialização, transculturação) transformaram-se em objetos de especulação e análise.

No entanto, a aceleração mesmo da história, ou seja, as rápidas mutações socioeconômicas exigem, por parte dos pesquisadores, novos enfoques. Até recentemente, os estudos sobre migrações socioeconômicas, por exemplo, restringiam sua abordagem sobretudo às categorias menos favorecidas da escala social. Com a redução do mercado de trabalho no Ocidente, atualmente, em países como França, Itália, Portugal e outros, os jovens diplomados abandonam cada vez mais seus países em busca de uma nova vida do outro lado do Atlântico e do Pacífico. Assim, a experiência da "mobilidade", extremamente diversificada, estende sua aplicação a diferentes situações socioeconômicas e noções culturais, pressupondo interações.

Desenvolvidos nos Estados Unidos a partir da "guinada culturalista" dos anos 1980, os estudos sobre as "transferências" e as interações culturais entre dois (ou mais) espaços nacionais foram transpostos posteriormente para a Europa.[13] A esse propósito, um texto programático publicado na França por Michael Werner e Bénédicte Zimmermann — "Penser l'histoire croisée: entre empirie et réflexivité" — propõe ultrapassar os estudos comparatistas e apreender os fenômenos das relações, das interações e das transferências culturais. Segundo esses autores, trata-se de refletir sobre as mutações significativas, operadas ao longo dos últimos 20 anos,

---

[13] O conceito de "transferência cultural" foi trabalhado por Michel Espagne e Michael Werner, no sentido de melhor apreender os processos de empréstimo e recepção de idéias e discursos entre a Alemanha e a França, após o século XVIII. Cf., notadamente, Espagne, 1999; e também Werner e Zimmermann, 2002.

em relação às condições de produção de um conhecimento sócio-histórico. Resultantes de dois fatores: um de ordem interna às ciências sociais — as mutações epistemológicas —, outro de ordem externa — as mutações histórico-políticas ocorridas "a partir de 1989, ligadas a um processo de extensão e de redução dos espaços de referência e de ação",[14] a "mundialização", essas mutações incidiram diretamente sobre os paradigmas de pesquisa, impondo uma maior "exigência de reflexibilidade".

A noção de "história cruzada" tem por objetivo "afrontar os limites próprios ao uso tradicional do comparatismo, inspirando-se nas contribuições dos estudos que reivindicam as *connected histories*, as *shared histories*. Em outras palavras, a noção de cruzamento pretende reforçar a dinâmica das conexões, ressituando o pesquisador em seu próprio objeto de estudo. Assim, a escolha de uma escala de análise pelo pesquisador é parte integrante dessa operação reflexiva e indutiva. Os objetos de comparação (exílios intelectuais, migrações, contextos culturais, por exemplo) são, por assim dizer, tributários dessa participação do observador, que, segundo esses autores, não pode mais pretender se situar numa posição exterior a seu objeto.

Portanto, a "história cruzada", ou seja, a "história relacional", visa significar entidades, pessoas e práticas intelectuais, colocando em relação as formações sociais, culturais e políticas, em escala sobretudo nacional. Conseqüentemente, esse método torna-se uma "caixa de ferramentas" para se pensar a circulação das idéias e do conhecimento. Ora, o fenômeno das conexões e das interpenetrações culturais é comum a todos os países do mundo, especialmente nesse momento interativo das chamadas globalizações.

Nos países da América Latina, em particular, as imbricações e transferências dos modelos culturais e teóricos, estudados principalmente pela antropologia e pela literatura comparada, são parte constitutiva de sua própria história. Não fugindo à regra, a história intelectual e dos intelectuais brasileiros, em razão dos empréstimos teóricos, inscreve-se em um sistema de conexões, de interações, interessando-se pela análise das transformações das idéias e modelos.

---

[14] Werner e Zimmermann, 2003:7.

Segundo Werner e Zimmermann (2003:17), "o cruzamento jamais se apresenta como 'um dado dado', que bastaria ser destacado e apreendido". Ao contrário, ele permite o abandono de uma concepção estática de um contexto que funciona, na maioria das vezes, como um quadro rígido e uma fonte de explicação mecânica. Esse enfoque relacional privilegia, conseqüentemente, a noção de "situação", que implica ações, e os fenômenos de interação resultantes. Abordagem eminentemente reflexiva, a "história cruzada" instaura a pluralidade dos olhares e a possibilidade de interpretações distintas, segundo os pontos de vistas diferenciados de seus observadores.

Por sua transversalidade, a "história cruzada" permite destacar as convergências, as divergências, as influências (ou as não-influências) de empréstimos entre comunidades intelectuais nacionais. Se a comparação é uma operação cognitiva que funciona segundo um princípio de oposição binária entre diferenças e similitudes, a problemática do cruzamento "permite apreender, da melhor maneira, a complexidade de um mundo composto e plural em movimento e, assim, compreender a questão fundamental da transformação".[15] A abordagem em termos de cruzamento não estabelece uma escala de análise rígida, que oporia micro e macro, mas, ao contrário, preconiza ultrapassar essas dicotomias, em razão mesmo das inextricáveis imbricações.

Visando interações e transferências, essa abordagem busca, portanto, explicitar a própria dinâmica da circulação e o processo de apropriação/recriação das idéias vindas de fora, e analisar as modalidades de "passagem" de uma cultura a outra, ressaltando as inovações, mas também as deformações resultantes das transferências (e as defasagens temporais, contextuais). Um exemplo dessas inovações e transformações encontra-se no livro, recém-publicado na França, *French theory*,[16] referente às mutações intelectuais ocorridas nos *campi* norte-americanos após os anos 1980. Inseridos no chamado "pós-estruturalismo", os pensamentos de filósofos como Foucault, Derrida, Deleuze e Lyotard, e de sociólogos como Baudrillard, por exemplo, considerados "pós-modernos", foram reapropriados e trans-

---

[15] Werner e Zimmermann, 2004:23.
[16] Cusset, 2005. Ver o capítulo de Laurent Jeanpierre.

formados pelo campo literário americano, servindo até mesmo às artes e à publicidade.

Convém lembrar que os estudos sobre "transferências culturais" renovaram profundamente a análise dos fenômenos de troca, influência e recepção no domínio não só dos discursos literários, mas também dos discursos e práticas culturais e das mídias.

Referências bibliográficas

CUSSET, François. *French theory; Foucault, Derrida, Deleuze & Cie. et les mutations de la vie intellectuelle aux États Unis.* Paris: La Découverte Poche, 2005.

DELEUZE, Gilles; GUATTARI, Félix. *Mille plateaux.* Paris: Minuit, 1980. (Capitalisme et schzophrénie, 2.)

ESPAGNE, Michel. *Les transferts culturels franco-allemands.* Paris: PUF, 1999.

HARDT, Michael; NEGRI, Antonio. *Empire.* Paris: Exils, 2000.

MAFFESOLI, Michel. *Du nomadisme; vagabondages initiatiques.* Paris: Librairie Générale Française, 1995.

SZCZYGLAK, Gisèle. *Nomadisme, mondialisation et universalité: le dédale de l'identité contemporaine.* Disponível em: <http://www.chaire-mcd.ca/>. Acesso em: jan. 2003.

VILLEPONTOUX, Stéphane. Mobilité. In: *Notions.* Paris: Encyclopaedia Universalis, 2004.

WERNER, Michael; ZIMMERMANN, Bénédicte. (Dirs.). *La recherche sur l'Allemagne et la coopération franco-allemands en sciences humaines et sociales. Bilan et perspectives.* Lille: Presses du Septentrion, 2002.

————. Penser l'histoire croisée: entre empirie et réflexivité. In: *Annales — Histoire, Sciences Sociales,* v. 58, n. 1, jan./fév. 2003.

———— (Dirs.). *De la comparaison à l'histoire croisée.* Paris: Seuil, 2004.

Parte 1
EXÍLIO

1

O EXÍLIO DOS INTELECTUAIS E OS INTELECTUAIS EXILADOS

*Helenice Rodrigues**

Parte significativa da produção intelectual do século XX sem dúvida constituiu-se fora das fronteiras nacionais, durante o exílio de pensadores ameaçados por regimes totalitários. Para esses intelectuais "estrangeiros" e "deslocados", o distanciamento espacial e cultural — condição ideal para um pensamento mais objetivo — favoreceu uma visão mais crítica e anticonformista da realidade. Através do diálogo com outra cultura, a experiência da expatriação (imposta ou voluntária) propiciou uma maior lucidez em relação às contingências históricas.

Motivado por perseguições políticas e ideológicas, o exílio dos intelectuais, ao longo da história, inspirou uma vasta literatura, que tendia a concebê-lo como uma espécie de expatriação, de desterro, de "castigo imposto por aquele que comanda ou governa".[1] Assim, a ascensão dos regimes totalitários e autoritários, ao abolir a liberdade de pensamento e ameaçar a vida de seus "inimigos", provocou a migração de um número importante de intelectuais do Ocidente e também do Oriente. Dos judeus do Leste europeu (nos anos 1930/40), aos iranianos, vítimas da Revolução Islâmica (final dos anos 1970), passando pelos latino-americanos (anos 1960/70), o exílio dos intelectuais constitui um fenômeno sociocultural da história contemporânea.

---

* Da Universidade Federal do Paraná.
[1] *D'encre et d'exil 3...*, 2004:15.

Fugindo de repressões políticas e raciais, os exilados, notadamente os intelectuais judeu-alemães, representaram de maneira exemplar o significado do errar, a idéia do desenraizamento e do distanciamento, situações propícias, como veremos, ao desenvolvimento da criatividade intelectual e do pensamento crítico.

> Preocupados em salvar sua cultura ameaçada pelos regimes totalitários, [os intelectuais], transplantaram-na em outras partes, transferindo-a para outras culturas, remodelando estas últimas, criando novas sínteses, construindo um mundo capaz de reconhecer sua unidade na diversidade (...).[2]

A condição existencial de ruptura e tensão do exilado abriu perspectivas de transfúgios e de transições em direção a dissidências e a ultrapassagens. Explicitamente, procuraremos nuançar o exílio, mostrando tanto os estigmas depreciativos — o desterro, a expatriação —, quanto as chances de renovação cultural — o universalismo, o cosmopolitismo. Se, por um lado, o aspecto negativo do exílio — a solidão, a nostalgia — tende a se sobrepor ao positivo — a interação, a criatividade —, na verdade, essa dualidade faz parte de um único e mesmo processo. Dolorosa experiência de perda, o exílio é também uma fonte de enriquecimento cultural, como bem mostrou Edward Saïd (2000). Por um lado, representa a ruptura do indivíduo com seu meio social e com sua identidade de cidadão, por outro, permite a reconstrução de uma existência.

Entre as diferentes situações de exílio de intelectuais no século XX, destacamos inicialmente a experiência dos judeus alemães nos anos 1930/40, a mais importante em termos numéricos e no plano intelectual. A rica literatura sobre esse exílio, elaborada nestas últimas décadas, aponta para o extraordinário fenômeno de deslocamento do eixo intelectual da Europa em direção ao outro lado do Atlântico. Os aportes científicos desses exilados contribuíram fundamentalmente para a revitalização do campo intelectual norte-americano.

Em seu livro *La pensée dispersée — figures de l'exil judéo-allemand*, Enzo Traverso (2004:10) faz referência ao que chama de "privilégio epistemológico do exílio".

---

[2] Traverso, 2004:7.

Enquanto estrangeiros, desenraizados e marginais, [os exilados] podem escapar de numerosas pressões — institucionais, políticas, culturais, psicológicas —, que resultam de um contexto nacional no qual estão inseridos sem [verdadeiramente] pertencer a ele.

Esse "privilégio" já havia sido teorizado por Georg Simmel (1999) ao fazer alusão ao intelectual como o estrangeiro, ou seja, como aquela pessoa passível de uma postura mais objetiva. Portadores de um olhar um pouco defasado, que "permite ver o que os outros não vêem",[3] os intelectuais exilados têm a possibilidade de dialogar com as duas culturas, a sua e a do país de exílio.

Em um texto de 1908 contendo "digressões sobre o estrangeiro", Georg Simmel define esse "homem vindo de fora", sem raízes nos particularismos nacionais e isento de parcialidades de grupo, como apto a uma maior objetividade. Sem apego às tradições locais, ele alia "distância e proximidade, atenção e indiferença" quando se trata de opinar sobre a realidade social do país onde se encontra. Em razão de sua origem e proveniência, o estrangeiro, menos marcado por preconceitos, é mais propenso à formulação de um pensamento crítico.

Essa condição de distanciamento, inerente a uma "*intelligentsia* sem amarras", constitui o objeto de uma reflexão de Karl Mannheim, em seu livro *Ideologie und Utopie*, publicado em 1929.[4] Atribuindo ao intelectual as funções de mediador e tradutor, capaz de passar de um sistema ideológico a outro, de transitar de uma língua a outra para produzir conhecimento, Mannheim não o isenta de responsabilidade política. Se, para ele, todo conhecimento é socialmente situado, a situação que permite maior conhecimento é a dos "intelectuais sem amarras", que escapam, pelo menos em parte, "de um ponto de vista unilateralmente determinado por sua condição ou sua identidade".[5] Atravessando fronteiras (da sua Hungria natal) e vivenciando dois exílios (um na Alemanha, outro na Inglaterra), esse sociólogo de origem judia experimentou engajamentos (via o intelectual

---
[3] Traverso., 2004:11.
[4] Apud Lapierre, 2004:88.
[5] Apud Lapierre, 2004:93.

como porta-voz dos interesses intelectuais da sociedade) e distanciamentos (das duas culturas, a sua e a do país que o acolhe).

O intelectual como exilado e marginal

Se o distanciamento e o desenraizamento constituem a condição ideal para a produção de todo conhecimento, a imagem do "intelectual exilado", conotando a idéia do marginal e do estrangeiro, segundo Edward Saïd, remete a uma figura retórica. Intelectual expatriado, marcado por travessias culturais, esse pensador não cessa de confrontar e de transportar idéias e experiências. Americano de origem palestina, busca em suas obras — *Orientalism* e *Reflexions on exile and other essays*, entre outras — transformar a distância existencial e cultural em princípio e em reflexão crítica. Associando a figura do intelectual a "um náufrago (...), [a] um eterno viajante e hóspede provisório",[6] Saïd idealiza, na condição de exilado, a possibilidade de aquisição de uma postura de intelectual. Segundo esse especialista em *subaltern studies*, essa condição não remete necessariamente a uma situação de expatriação, no sentido próprio do termo, mas, sobretudo, a uma atitude mental e a um estado de espírito. "A condição do exílio é exemplar do estatuto do intelectual enquanto *outsider*: nunca viver plenamente em harmonia, sentir-se sempre exterior ao mundo seguro e familiar dos nativos."[7] O intelectual, segundo Saïd, seria então um "exilado, um marginal, um amador e, por fim, o autor de uma linguagem que tenta dizer a verdade ao poder".[8]

Em outras palavras, a condição histórica do exílio permite perdas e projetos, mas sobretudo um afastamento, imprescindível à liberdade de pensamento e à lucidez crítica. Essa exigência ética de jamais se sentir "em casa e na própria pátria", de viver "uma vida mutilada", constitui a temática central de *Minima moralia*, de Theodor Adorno, publicado em 1951. Tendo abandonado a Alemanha em 1933 e só retornado a Frankfurt em 1949, esse pensador da teoria crítica foi profundamente marcado pela ex-

---

[6] Saïd, 1996:76; cf. Dosse, 2003:32.
[7] Saïd, 1996:61.
[8] Ibid., p. 15.

periência do exílio, a ponto de significar, admiravelmente, a condição de exilado com uma única frase: "Habitar, no sentido próprio do termo, é, desde então, impossível".[9]

Figuras de alteridade, os intelectuais judeu-alemães exilados nos Estados Unidos foram os primeiros, em razão mesmo dessa condição de instabilidade existencial, a pensar o totalitarismo, o comunismo e os campos de concentração. Arquétipos do intelectual enquanto estrangeiro, cuja experiência defasada favorece interrogações, Adorno, Horkheimer, Hannah Arendt, entre tantos outros, aliaram contingências históricas a necessidades epistemológicas.

> Não foi por acaso que, ao longo do século XX, o vínculo entre o deslocamento, o desprendimento, o exílio e o pensamento crítico foi tão explorado pelos intelectuais judeus, uma vez que essa reflexão se fundava em suas próprias experiências.[10]

Mas, se a condição do exílio favorece o pensamento crítico, em contrapartida, nem todos os intelectuais exilados, embora estrangeiros e marginalizados, fizeram uso desse "privilégio". Pressupondo a rejeição de todos os dogmatismos, o "pensamento de exílio", ao excluir a concepção de enraizamento, não deixa de ser uma forma de idealismo intelectual em determinados momentos históricos. Incompatível com a liberdade de pensamento, as ideologias, por impor dogmas e preceitos, certamente incidem em obediências a partidos, nações e identidades imóveis. "A liberdade de pensar", afirma Miguel Abensour (1977:417), "se conquista como liberdade com o outro, (...) nas formas livres, não dogmáticas (...)", a partir, obviamente, de uma postura crítica com relação às ideologias.

Sem dúvida, circunstâncias históricas determinam as particularidades dos exílios intelectuais. Entre 1933 e 1938, mais de 450 mil judeus de língua alemã abandonaram a Europa central, fugindo do nazismo.[11] Após a Guerra Civil Espanhola (1936-39), um número significativo de repu-

---

[9] Adorno, 1983:73.
[10] Lapierre, 2004:111 (trad. da autora).
[11] Traverso, 2004:9. Para apresentar esses números, o autor se baseia em Strauss, 1987.

blicanos espanhóis, intelectuais em sua grande maioria, partiu em exílio, refugiando-se principalmente na França.

O terceiro grande exílio de intelectuais no século XX em direção, notadamente, da Europa resultou da ascensão dos regimes autoritários na América Latina nos anos 1960/70. Abandonando pela força e/ou por livre vontade o país de origem, os exilados rompem a relação de identidade do indivíduo com o seu meio, apropriando-se de uma nova identidade.

O exílio político dos intelectuais brasileiros e chilenos na França[12]

Ao contrário do exílio judeu-alemão em direção aos Estados Unidos, que se converteu, para esses apátridas, em um transfúgio intelectual de caráter definitivo, o exílio dos intelectuais latino-americanos nos anos 1960/70 representou para esses "refugiados", sobretudo para os brasileiros, uma etapa provisória. Fugindo de perseguições políticas e da censura às atividades do pensamento, os intelectuais, vítimas diretas ou indiretas das ditaduras militares, abandonaram seu país de origem para viver uma fase considerada pela maioria como transitória no país de exílio. Metáfora de deslocamento, o exílio (de intelectuais) é marcado por contradições, que se traduzem pela perda e pelo desafio, pelo fechamento cultural e pela interação com a sociedade do país de exílio. A escolha da terra de asilo remete certamente a interesses em jogo — políticos, culturais e ideológicos — entre os candidatos ao exílio e o país que se dispõe a recebê-los.

Enquanto produtora de idéias e propagadora de ideologias, a França exerceu, para os intelectuais latino-americanos, formados na cultura francesa, um papel de vanguarda política, até mais ou menos a metade dos anos 1970. Reivindicada pela esquerda francesa nos anos 1960, a ideologia terceiro-mundista,[13] que emergiu com a descolonização, tentou preencher o vazio deixado pelo desaparecimento das lutas de classe no continente

---

[12] Esse estudo faz parte de uma pesquisa sobre história cruzada, em elaboração.
[13] "O terceiro-mundismo fundava sua análise nas potencialidades revolucionárias do Terceiro Mundo, [enfocando], por um lado, a miséria, a humilhação das massas e as contradições sobre as quais ele repousava e, por outro, o efeito de crise que os regimes revolucionários poderiam provocar nos países industrializados, ao impedirem a continuação da pilhagem de matérias-primas" (Chaliand, 1979:274-275, trad. da autora).

europeu. Assim, em busca de novos ideais revolucionários, os militantes de esquerda voltaram seus olhares para os focos de revolução na América Latina. Se, num primeiro momento, nos anos 1960, intelectuais e militantes políticos interessaram-se pela revolução cubana, num segundo momento, as esperanças revolucionárias deslocaram-se para o Chile. Assim, a Unidade Popular de Salvador Allende, cuja experiência de "revolução democrática" inspirou diretamente o programa dos socialistas e comunistas franceses, explica as afinidades políticas entre a França e o Chile.

Mais importante em termos numéricos[14] e em impacto político, o exílio dos chilenos (após setembro de 1973) tornou-se um episódio da história da esquerda francesa. Inspirado na Unidade Popular, o Programa Comum,[15] assinado em 1972 por François Mitterrand (entre socialistas e comunistas), constituiu uma plataforma eleitoral para a vitória da esquerda francesa nas eleições presidenciais. Aliás, a tradição democrática chilena sempre despertou a admiração da sociedade francesa, que tendia a considerar o Chile um país "civilizado", se comparado aos demais do continente latino-americano.

> [Ora,] o projeto da Unidade Popular, encarnado por Allende, representava, de certa maneira, uma escolha e uma abordagem, um sonho de sociedade amplamente compartilhado pela esquerda francesa, a ponto de o golpe de Estado de Pinochet ser por ela considerado a destruição de seus próprios sonhos e projetos.[16]

Se a repercussão do exílio dos chilenos provocou imensa solidariedade na Europa em geral, e na França[17] em particular, a discrição do exílio

---

[14] O exílio teve papel fundamental na cultura chilena: aproximadamente 1 milhão de pessoas abandonaram o país durante a ditadura de Pinochet. Cf. Un millon de chilenos. *Araucaria*, Madrid, n. 7, 1979.

[15] "O modelo chileno nos interessa, não só pelo parentesco político, curioso, que existe entre nossos dois países, mas sobretudo porque, a meu ver, o governo chileno parece ter conseguido abalar as estruturas econômicas, preservando ao mesmo tempo as liberdades individuais. Allende nos impressionou pelo magistério moral que parece exercer sobre seus companheiros e por sua determinação em manter as conquistas democráticas de seu país" (François Mitterrand, *Le Monde*, 14-15 nov. 1971).

[16] Vasquez e Araújo, 1988:13.

[17] "A questão do Chile é uma questão internacional. A luta pela justiça e pela liberdade, contra o fascismo e a reação, se passa aqui e lá, no Chile", advertiu o editorial da revista *La Pensée* (n. 172, p. 6, déc. 1973). Cf. Sáenz Carrete, 1995.

dos brasileiros na França (após 1964 e em 1973), se comparado aos demais exílios do Cone Sul, deveu-se às condições menos violentas e dramáticas do regime militar no Brasil e do número menos significativo de "refugiados". Na realidade, a segunda fase desse exílio na França (1973) resultou diretamente da queda de Allende e da expatriação dos chilenos. Refugiados no Chile desde 1969, intelectuais, estudantes e militantes políticos brasileiros se viram forçados a retomar o caminho do exílio, dessa vez em direção à Europa.

Conseqüentemente, esses dois exílios — o chileno e o brasileiro —, distintos e complementares, fazem parte de uma "história cruzada",[18] implicando um processo de relações e interações culturais. Para além da interpenetração dos modelos culturais franceses entre os intelectuais chilenos e brasileiros, as interações políticas e intelectuais tecidas entre esses intelectuais durante a Unidade Popular fortaleceram os laços sociais entre chilenos e brasileiros na França. Do mesmo modo, as redes culturais engendradas anteriormente entre franceses, brasileiros e chilenos favoreceram os intercâmbios intelectuais, abrindo portas, posteriormente, aos intelectuais exilados em universidades e em centros de pesquisa na França.

Revelando a complexidade de situações, acontecimentos e experiências, os estudos empíricos sobre o exílio dos intelectuais latino-americanos, sobretudo dos brasileiros, exigem o abandono dos *a priori* quando se trata de apreender categorias e definir conceitos. Partindo-se da constatação de que todo exílio é singular e único, como apreender a heterogeneidade das situações vivenciadas pelos intelectuais brasileiros exilados na França?

Lugar de residência e fato mesmo de expatriação, o exílio é um fenômeno político e cultural que subentende crises de identidade e transferências culturais. Ora, as situações observadas entre os intelectuais exilados, sobretudo os brasileiros, não correspondem, na maioria das vezes, à definição tradicional de uma realidade de exílio, ou seja, à expulsão e à interdição de retorno ao país de origem. Pelo contrário, as pesquisas revelam, em boa parte dos casos, o caráter voluntário do abandono do país,

---

[18] "História cruzada" corresponde, em minha abordagem, a uma modalidade de análise que supera o comparatismo. Essa concepção de história considerada "cruzada" enfatiza a reciprocidade dos processos de transferência cultural. Cf. Werner e Zimmermann, 2003.

sobretudo em sua primeira fase (1964-73). Comparado aos demais exílios de latino-americanos, o dos intelectuais brasileiros apresenta maiores singularidades.

Sob o pretexto de exercerem atividades subversivas ou marxistas na universidade, a partir de 1964, um certo número de professores da Universidade de São Paulo passou a ser vítima de pressões e perseguições (expulsões e aposentadorias antecipadas). Com a radicalização do regime militar em dezembro de 1968, uma nova vaga de repressão e controle nas universidades precipitou a partida de intelectuais. A grande maioria optou pela América Latina, em geral, e pelo Chile, em particular.

Segundo Daniel Pécaud (1989:175), "(...) apesar da repressão, os intelectuais brasileiros de oposição preserva[ra]m uma posição e uma visibilidade bem superior[es] a dos seus homólogos latino-americanos, confrontados com outras situações autoritárias".

Mas como identificar entre os exilados políticos os chamados intelectuais? A apreensão da categoria de intelectual no estudo do exílio dos latino-americanos requer uma certa prudência de abordagem. As fronteiras não são nítidas entre o chamado intelectual (cuja acepção, habitualmente, é a francesa) e o militante político (engajado em uma ação partidária), entre o universitário e o estudante, inscritos no estrangeiro em cursos de pós-graduação.

Por motivos metodológicos, as classificações são parciais, sem dúvida, mas necessárias à delimitação do objeto. A meu ver, o "intelectual exilado" é não só o produtor e difusor de conhecimento que se beneficiou da notoriedade em seu país de origem, como o estudante universitário, preparando, na França, um diploma de mestrado e de doutorado. O critério de classificação deste último na categoria "intelectual" explica-se por duas razões. Primeiro, os diplomas de pós-graduação ainda eram praticamente inexistentes nas universidades brasileiras nos anos 1960; segundo, os professores brasileiros e chilenos que lecionaram provisoriamente nas universidades francesas necessitavam desses títulos para permanecer em seus cargos.

No estudo desse exílio intelectual, a fronteira nem sempre é clara entre as concepções do político e as acepções do intelectual. Como distinguir este último do militante político, uma vez que o engajamento político tende a mobilizar as ações dessas duas categorias sociais?

Formados em uma cultura de esquerda, parte dos intelectuais brasileiros saídos do Chile em 1973 continuou militando na política durante o exílio na França. Foi o caso, por exemplo, dos brasileiros membros do Movimiento de la Izquierda Revolucionaria (MIR), dos tempos da Unidade Popular no Chile. Permanecendo nesse país num primeiro momento da ditadura, os militantes chilenos do MIR foram representados em Paris por militantes brasileiros. Entre estes últimos destacavam-se alguns intelectuais, como Marco Aurélio Garcia, Eder Sader, entre outros.

Quanto ao estatuto jurídico do *exilado*, muitas vezes as terminologias utilizadas dão margem a imprecisões. Estabelecido pela Convenção de Genebra em 1951, o direito de asilo, ou seja, o estatuto de "refugiado político", cuja aplicação ficava a critério dos Estados, beneficiou na verdade poucos exilados. Em razão das circunstâncias excepcionais, a grande maioria dos chilenos usufruiu desse estatuto. Objeto de restrições por parte dos países ocidentais, o estatuto de refugiado sempre foi concedido a um número restrito de exilados políticos. Sob o rótulo de "exilados", encontram-se, portanto, diferentes situações: refugiados políticos, residentes provisórios, migrantes econômicos e até mesmo turistas. Acreditando em uma permanência temporária e sem condições de obter um título de residente provisório, grande número de brasileiros viveu na ilegalidade nos anos 1960/70.

Do provisório ao definitivo: "comunitarismos" e integrações

Concebido como provisório, o exílio político se fundamenta na idéia do retorno. Nesse sentido, difere do nomadismo, idéia que tanto marcou a literatura da expatriação e do exílio. Obrigadas a abandonar seu país, as vítimas da repressão das ditaduras se ressentem de uma "ferida narcísea", sobretudo por viverem essa partida como uma derrota individual e coletiva. Investidos, num primeiro momento, do papel de heróis, os exilados políticos, segundo análises feitas por psicanalistas,[19] vivem um estado mental próximo da esquizofrenia. Se fisicamente se encontram no estrangeiro, psicologicamente permanecem em seus países. Essa situação

---

[19] Cf. Vasquez e Araújo, 1988.

de crise de identidade se manifesta sobretudo em casos traumatizantes de repressão e violência. Os exílios voluntários, ao contrário, abrem, com essa experiência no estrangeiro, outras vias e perspectivas de vida. Ávidos de liberdade e de cultura, numerosos estudantes brasileiros abandonaram o país no momento da radicalização do regime militar, após 1968, para viverem na Europa uma "revolução cultural". Para esse segmento da camada intelectual que dispunha de meios materiais a partida constituiu um "privilégio".

Marcado pela expansão econômica dos "Trinta Gloriosos", esse período, que se prolongou até 1973, favoreceu a livre circulação de pessoas, abrindo espaço para o outro e para a diferença. O campo intelectual francês, impregnado ainda pela herança revolucionária e pelo triunfo do paradigma marxista, estimulava a mobilidade dos intelectuais e dos militantes políticos originários do Terceiro Mundo.

Comparado ao exílio chileno, eminentemente político, o dos brasileiros foi multiforme, heterogêneo e pouco apreensível. Objeto, há vários anos, de diversos estudos, o exílio dos chilenos, mais homogêneo, permite a delimitação de fases que apontam passagens e cruzamentos entre duas culturas.

Três etapas distintas podem ser detectadas[20] neste último. A primeira, marcada pelo traumatismo dos acontecimentos políticos e pelo sentimento de culpabilidade individual, resultou em fechamento cultural. Incapaz de se interessar pela realidade sociocultural do novo país, o exilado tendeu a idealizar os valores culturais de sua nação. O folclore e principalmente a música, presentes em todos os encontros da comunidade nacional, funcionaram nesse momento como uma espécie de panacéia.[21] Com o passar do tempo, iniciou-se uma fase de maior integração à sociedade francesa, sobretudo por parte da primeira geração nascida fora do Chile. Essa segunda etapa apresenta os contornos de um processo de transculturação. Embora preservando uma forte identidade nacional, a decodificação da cultura e

---

[20] Cf. Vasquez e Araújo, 1988:33.
[21] Por exemplo, nas festas e nas reuniões de chilenos, a "cantata Santa Maria de Iguique", que conta o massacre dos trabalhadores nas minas de cobre ocorrido em 1907, tornou-se um ritual obrigatório. Cf. entrevista com um ex-exilado, professor universitário de espanhol, Osvaldo Obregon, realizada em Paris em 11-11-2004.

dos valores franceses tornou-se a condição *sine qua non* do exílio dos chilenos. Finalmente, uma terceira fase se manifestou, dada a longa duração desse exílio. Transformações históricas, como a queda do comunismo, as mutações intelectuais, obrigaram os exilados a se questionar, dando início a um processo de autocrítica. O "projeto coletivo inicial" de revolução seria igualmente revisto. Sem dúvida, a percepção de si mesmo e do ideal político comum sofreu inevitáveis mutações com o passar do tempo.

Integrados à sociedade francesa, sem abandonar sua cultura, um número significativo de chilenos — aproximadamente 40% do total de exilados[22] — recusou-se a retornar ao país após o fim da ditadura. Por outro lado, em sua grande maioria, os exilados brasileiros não ultrapassaram a segunda fase do exílio. Agrupados entre si, compartilhando uma cultura nacional extremamente idealizada, eles viviam uma espécie de "acosmismo", que posteriormente tornou-se objeto de crítica por parte dos próprios brasileiros. Dotados, segundo Alain Touraine,[23] de uma sólida "consciência nacional", a quase totalidade desses exilados, em razão da liberalização do regime, retornou ao Brasil antes mesmo da anistia política de 1979.

Essas considerações concernem os exilados em geral, mas devem ser nuançadas em se tratando dos intelectuais em particular. Comparados a seus homólogos chilenos, os intelectuais brasileiros se destacavam pela notoriedade no país de origem e no exterior. Celso Furtado, Roberto Salmeron, Luís Hildebrando Pereira da Silva, por exemplo, exilados da primeira vaga e detentores de um "capital de reconhecimento", foram imediatamente convidados a integrar universidades e centros de pesquisa estrangeiros.[24] Por intermédio de seus pares franceses, notadamente Alain

---

[22] Entrevista com Ricardo Parvex, presidente do Comitê de Ex-prisioneiros Políticos Latino-americanos, concedida em Paris em 8-6-2004.

[23] Entrevista concedida em Paris em 1-4-2004.

[24] Desde 1965, Celso Furtado obteve uma cátedra de economia, criada especialmente para ele, na Faculdade de Direito e de Ciências Econômicas da Universidade de Paris I (Panthéon). Posteriormente, nos anos 1980, tornou-se diretor de estudos da École des Hautes Études en Sciences Sociales (EHESS). Físico e professor da UnB, Roberto Salmeron foi demitido e partiu, em 1966, para trabalhar no Centre Européen de Recherches Nucléaires (Cern), em Genebra. Mais tarde, fixou residência em Paris, onde trabalha até hoje na École Polytechnique. Especialista em genética molecular e militante comunista, Luís Hildebrando foi obrigado a se exilar após o golpe de Estado de 1964. Permaneceu quatro anos na França, no Institut Pasteur,

Touraine e Alain Joxe, responsáveis pelo "comitê de apoio aos exilados", chilenos e brasileiros renomados obtiveram cargos desse tipo sem grandes dificuldades.

No caso brasileiro, os intercâmbios com intelectuais franceses remontavam aos anos 1930, com a fundação da Universidade de São Paulo e com a vinda de professores franceses ao Brasil. A partir dos anos 1950/60, professores brasileiros que haviam ido estudar na França restabeleceram contatos com seus antigos mestres, como Lévy-Strauss, Fernand Braudel, Pierre Monbeig, Roger Bastide, Charles Morazé, Claude Lefort etc. Durante a ditadura militar, esses antigos intercâmbios facilitaram a viagem de brasileiros. Professores da USP, por exemplo, partiram novamente para estudar nas universidades européias.

Da mesma maneira, intelectuais franceses, como François Châtelet, Jean-Toussaint Desanti, Alain Joxe, Alain Touraine, transitaram pelo Chile no momento da Unidade Popular, estabelecendo contatos com seus homólogos chilenos. Durante o exílio na França, Armando Uribe, escritor, advogado e ex-embaixador na China durante o governo da Unidade Popular, graças às redes sociais tecidas anteriormente, integrou-se à universidade francesa. O mesmo se deu com Jacques Chonchol, ministro da Agricultura do governo Allende, que, com o apoio de Pierre Monbeig, tornou-se diretor do Institut des Hautes Études de l'Amérique Latine (Universidade de Paris III).

Embora precários, os cargos oferecidos nas universidades francesas a chilenos e brasileiros permitiram aos que não possuíam diploma de pós-graduação a conclusão de seus estudos.[25] Em solidariedade aos refugiados chilenos, os departamentos de sociologia e de economia da Universidade de Vincennes (Paris VIII) criaram cargos temporários para empregar esses exilados. Além dos chilenos, alguns brasileiros obtiveram cargos equivalentes de professores assistentes, como Rui Fausto, Marco Aurélio Garcia, Eder Sader. Outras universidades, como Paris X-Nanterre e Paris III

---

voltando, em seguida, para o Brasil. Mas, com o AI-5, retornou a Paris, lá permanecendo por vários anos como pesquisador no mesmo instituto.

[25] As faculdades de letras de diferentes cidades francesas ofereceram, como haviam feito antes com os exilados espanhóis, cargos de "leitores" (auxiliares de ensino) de espanhol aos chilenos.

(IHEAL), admitiram exilados, concedendo-lhes trabalhos de curta duração. Fernando Henrique Cardoso, que circulou entre Paris e Santiago até 1973, ministrou alguns cursos esporádicos em Nanterre e no Collège de France.

Inseridos provisoriamente nessas instituições, sem realmente pertencerem a seu corpo efetivo, os intelectuais exilados se beneficiaram de uma certa liberdade, importante para suas visões críticas e anticonformistas das sociedades francesa e latino-americana. Durante esses anos de extrema politização das idéias, os intelectuais e militantes políticos latino-americanos multiplicaram contatos com a esquerda francesa, escrevendo em revistas e em publicações da esquerda — *Les Temps Modernes, Esprit, La Pensée, Cahiers de l'Amérique Latine* — análises sobre a realidade desse continente.

As migrações políticas latino-americanas entre 1964 e 1979 inscreveram-se, portanto, no contexto de lutas políticas da esquerda francesa contra as ditaduras de direita e contra o imperialismo norte-americano.

O intelectual e a crítica ou a crítica ao "intelectual engajado" latino-americano

"Uma das funções do intelectual", escreve Edward Saïd (1996:10-13), "consiste em destruir os estereótipos e outras categorias redutivas ao pensamento e à comunicação. (...) O intelectual não é alguém que se pode (...) aprisionar no interior de um *slogan*, de uma ortodoxia de partido ou de um dogma imutável." Contra o poder, o intelectual precisa desenvolver uma forma de "resistência ativa", o que corresponderia a uma postura ética e política. Contra toda tentação de filiação política e partidária, o intelectual deve "contestar todo nacionalismo patriótico, [todo] pensamento corporativo ou sentimento de superioridade racial, de classe e de sexo".

Ora, nesses tempos de engajamentos partidários, justificados, no caso da América Latina, pelo combate ao imperialismo norte-americano e às ditaduras militares, o papel do intelectual latino-americano parecia não resistir aos determinismos inerentes até mesmo ao modelo (francês) do "intelectual engajado". Nos limites desse texto, restringirei minha análise da categoria de intelectual à problemática da "*intelligentsia* sem amarras", ou seja, à figura do intelectual exilado portador de duas culturas.

O "intelectual em exílio", definido por Edward Saïd, corresponderia portanto a uma situação ideal, nem sempre realista, de exílio. Se essa expressão se aplica de maneira exemplar à figura de determinados intelectuais, como Theodor Adorno, autor de *Mínima moralia*, dificilmente reveste outras situações de exílio político. Como bem assinala Miguel Abensour, em alusão à teoria crítica como condição de possibilidade de um pensamento do exílio, "a liberdade de pensar se conquista nas formas livres, não dogmáticas", a partir de condições de sociabilidade, tal como ocorreu com o pequeno grupo da "teoria crítica".[26]

Tributário de um contexto histórico antidemocrático, o intelectual latino-americano, segundo Octavio Paz (1983:16), "perpetuou (...) uma tradição intelectual pouco respeitosa da opinião do outro, preferindo as idéias à realidade e os sistemas intelectuais à crítica dos sistemas. (...) Sua concepção da cultura e do pensamento é polêmica e combativa...". Para esse autor, a democracia não é apenas conseqüência de condições sociais e econômicas subjacentes ao capitalismo e à revolução industrial; ela é, na verdade, "um conjunto de idéias, de instituições e de práticas que constituem uma 'invenção coletiva'". Nas considerações de Paz (1983:18), a ausência de uma corrente intelectual crítica e moderna nesse continente explica a insuficiência de experiências democráticas.

A esse propósito, Celso Furtado fornece uma descrição, não sem pessimismo e ironia, do intelectual nos países do Terceiro Mundo.

> Se tivesse de, em poucas linhas, traçar o retrato típico do intelectual nos nossos países subdesenvolvidos, eu diria que ele reúne em si 90% de malabarista e 10% de santo. Assim, a probabilidade de que se corrompa, quando não nasce sem caráter, é de 9 em 10. Se escapa à regra, será implacavelmente perseguido e, por isso mesmo, uma reviravolta inesperada dos acontecimentos poderá transformá-lo em herói nacional. Se persistir em não se corromper, daí para a fogueira a distância é infinitesimal; de resto, por maior que seja sua arrogância, nunca entenderá o que lhe terá ocorrido.[27]

---

[26] Posfácio ao livro de Martin Jay, 1977:417.
[27] Camargo e Loyola, 2002:36.

Mas se a tradição democrática se revela deficitária no cenário político do Terceiro Mundo, em contrapartida, o modelo do "intelectual engajado", forjado por Sartre, parece corresponder a uma abnegação dos princípios morais em detrimento das paixões políticas. Nesses tempos revolucionários, o intelectual latino-americano, como seu homólogo francês, era tributário de crenças e utopias. Fruto de uma realidade sociocultural específica, o intelectual, no sentido amplo do termo, encontra-se intimamente inserido em sua cultura nacional e em seu contexto histórico.[28]

Com a mudança dos paradigmas intelectuais, no início dos anos 1980, os intelectuais da esquerda francesa se auto-censuravam em razão de suas "cegueiras revolucionárias". Para Claude Lefort, a reconciliação desses intelectuais com os valores democráticos só ocorreria a partir da crítica ao totalitarismo, entendida como a crítica ao *gulag*. Ora, se fatores sócio-históricos permitem explicar as deficiências das instituições democráticas na América Latina, as atitudes intelectuais, como observa Luciano Martins, não deixam de ser responsáveis pela ausência de um pensamento democrático.

> Na ausência de defensores da esquerda, a idéia de democracia — com os Estados Unidos contribuindo para isso — foi recuperada pela direita. (...) Resta saber como se teceu, até mesmo entre os não-marxistas, esse equívoco dramático que resultou, até um passado muito recente, na desvalorização da idéia de democracia.[29]

Tentando explicar a complexidade dessa afirmação, Luciano Martins (1983:102), sociólogo exilado na França e pesquisador do CNRS, assinala três fenômenos que, de maneira contraditória, desempenharam papel determinante em termos da elaboração ideológica: a percepção das desigualdades sociais, o nacionalismo, e a redução da idéia de progresso apenas ao "desenvolvimento econômico".

A tomada de consciência da incapacidade das classes sociais de defenderem seus interesses transformou os intelectuais latino-americanos em

---

[28] Cf. Silva, 1995; e Löwy, 1976.
[29] Martins, 1983:101.

demiurgos das mudanças sociais. No entanto, a via escolhida não seria a representação política democrática, mas a revolução.

"A recusa em pensar as experiências 'socialistas' com o espírito crítico indispensável — recusa generalizada na América Latina"[30] — ilustra as disjunções do pensamento dos intelectuais em relação à sua pretensa ação. Quanto ao fenômeno do nacionalismo, ele resulta das ambigüidades inerentes à valorização da nação em detrimento mesmo da sociedade. Atribuindo ao Estado a idéia das transformações sociais, os intelectuais privilegiam a questão da ruptura dos laços de dependência internacional como condição fundamental para a eliminação das desigualdades sociais. Enquanto, nos países ocidentais, o nacionalismo é um valor da direita, no Brasil, principalmente, ele era reivindicado tanto pelos intelectuais progressistas quanto pela ditadura militar, assinala Luciano Martins (1983:103).

Na opinião desse sociólogo, a redução da noção de progresso apenas ao desenvolvimento econômico relegou a segundo plano a idéia do social e da democracia. Desse modo, a crença em que as transformações econômicas se deviam a decisões do poder político retardou inexoravelmente a implantação de uma democracia social. Os regimes militares, aliás, se serviram dessa justificativa para melhor legitimarem sua existência.

Descritos de maneira sumária, esses três fenômenos remetem a ideologias imperialistas, desenvolvimentistas e nacionalistas, inspiradoras das ações dos intelectuais. "Esperemos, então, que a problemática da reinvenção da democracia na América Latina torne-se não somente uma questão intelectual mas uma realidade política", escreveu Luciano Martins (1983:104) poucos anos antes do final do regime militar brasileiro.

Um "pensamento de exílio" ou o desenraizamento de alguns "refugiados" latino-americanos

Marcado pelas utopias revolucionárias dos anos 1960/70, o pensamento dos intelectuais latino-americanos exilados na França parece se distanciar de um "pensamento do exílio", ou seja, de um pensamento que, deslocando a questão política, preconiza, como Adorno, o desenraizamento.

---

[30] Martins, 1983:103.

De inspiração utópica, esse pensamento rompeu com dogmatismos, nacionalismos e identidades estáticas.

No entanto, esse "pensamento de exílio", atípico entre os intelectuais exilados latino-americanos, encontrava-se presente na maneira de refletir e agir de alguns exilados latino-americanos. Três exemplos merecem ser assinalados.

O primeiro concerne a Suely Rolnik, estudante da Universidade de Vincennes, exilada em Paris em 1970, após ter sido presa e torturada no Brasil por participar de movimentos de contracultura — a revolução poética. Buscando se reconstruir, Suely Rolnik, ex-aluna de sociologia da USP, retomou seus estudos de filosofia, psicanálise e ciências sociais na França. Graças a seu encontro inicial com Félix Guattari e Gilles Deleuze, ela estabelece uma relação de amizade com os dois, dando assim origem a futuros intercâmbios intelectuais. Junto com Guattari, ela participou da experiência da Clínica La Borde e dos movimentos que teriam impactos importantes sobre a psiquiatria dos anos 1970. Afirma ela:

> No início, eu chegava aos cursos de Deleuze sem entender nada de filosofia e de francês, mas alguma coisa nele, na sua voz, na sua atitude, na sua maneira de dizer, tudo isso me fazia sair de suas aulas completamente curada: feliz, revitalizada.[31]

Traumatizada pela experiência da tortura e não suportando escutar a língua de seus torturadores, ela fez rápidos progressos no aprendizado do francês. Autora com Guattari do livro *Micropolíticas — cartografias dos desejos*, publicado no Brasil em 1986, Suely Rolnik é também uma das tradutoras de *Mille plateaux* (v. II e IV), livro escrito por Deleuze e Guattari. Data dessa época também seu encontro, em Paris, com a artista plástica brasileira Lígia Clark. A obra desta última, *Structuration du moi* é, aliás, objeto de sua tese de doutorado (*troisième cycle*), apresentada na França em 1978. Após mais de oito anos de exílio, Suely Rolnik retornou ao Brasil. Para além da psicanálise, que ensina na PUC de São Paulo, ela se interessa pelos processos de subjetividade como forma de liberação pessoal e de intervenção na realidade, aplicados também à arte contemporânea. Sua

---

[31] Entrevista concedida em São Paulo, em 5-5-2005.

postura existencial e intelectual no exílio, certamente, remete a suas experiências anteriores.

> O exílio na minha vida começa antes de eu nascer. Porque meus pais são poloneses, judeus poloneses. Minha mãe veio para o Brasil menina. Meu pai veio dois anos antes da guerra. Eu nasci dois anos depois que eles descobriram que toda a minha família tinha morrido no holocausto. Então, eu já nasci com a experiência do exílio.

O segundo exemplo diz respeito à experiência vivida por Mario Lanzarotti, estudante de economia na Universidade do Chile que desembarcou em Paris em 1973. Ao contrário de seus compatriotas, ele viveu uma experiência "livre de todas as pressões".[32] Inserido no mundo estudantil e possuindo carteira de residente na França e uma bolsa de estudos, Lanzarotti, embora solidário ao drama de seus compatriotas, vivenciou uma realidade menos dolorosa. Membro de uma associação de estudos sobre a realidade chilena, ele trabalhou em Paris com Cecília Montero, pesquisadora do CNRS no Chile. Retornando ao país no final da ditadura, tornou-se assessor do ministro da Economia, Carlos Ominami — economista e pesquisador do CNRS, exilado em Paris — e prestou concurso para lecionar na Universidade do Chile. Vítima, no entanto, de um choque cultural profundo, só permaneceria dois anos e meio em seu país. Segundo Lanzarotti, nesse retorno ao Chile, ele sentiu o verdadeiro significado do exílio. Seu drama, como, aliás, o de muitos outros ex-exilados chilenos, foi ter vivenciado, em seu país de origem, um "segundo exílio".[33] Retornando à França, Mario Lanzarotti retomou seu cargo de professor, tornando-se titular de economia na Universidade de Paris I. Autor de um artigo publicado[34] em um jornal chileno durante sua estada no Chile, esse economista escreve:

> *Para el retornado la interrogación sobre el ser de la Nación es casi uma forma de existencia. Como exilado nacional, primero, tuvo que comprender y degerir*

---

[32] Entrevista realizada em Paris, em 6-7-2004.
[33] Cf. Hurtado-Beca, 1992.
[34] Publicado sob o pseudônimo de Florian Moreira, esse artigo se intitula "La nación chilena: esse objeto del deseo".

el desfase con la sociedad que lo acogió; al volver, después, debió esforzarse en entender lo que había olvidado, o lo que había cambiado, y en devolver algo de lo digerido.

Apesar das inevitáveis rupturas e sofrimentos, alguns escritores e poetas chilenos instalados em Paris perceberam o exílio como uma experiência libertadora. O terceiro exemplo exprime, então, as contradições entre a experiência real e o objeto literário, ou melhor, as oposições entre literatura e política no exílio. "Eu vivi meu exílio enquanto poeta e não enquanto militante político", afirma Luís Mizon.[35] O escritor Robert Gac, por sua vez, complementa:

> Eu vim buscar na França um alimento cultural que não tinha no Chile, (...) não num plano científico ou filosófico, mas num plano artístico. (...) Como eu queria desenvolver uma nova maneira de narrar, uma nova técnica narrativa, eu precisava ir lá onde as coisas acontecem realmente, (...) o Novo Romance e o Romance *Tel Quel* (...). Eu precisava me libertar de todas as pressões e imposições.[36]

"Enquanto chileno, obrigado a deixar meu país, eu trazia em mim (...) o peso da vivência dos acontecimentos políticos. Mas, enquanto escritor, as pessoas sempre esperaram da minha escrita que ela testemunhasse, que ela se pronunciasse sobre a vivência trágica, que ela condenasse ou celebrasse, que ela respondesse, enfim, à idéia que se fazia, na França, de um poeta chileno exilado; que ela dissesse essa circunstância, submetendo os meios, que eram os dela, a imperativos (...) inéditos. O que certamente eu não fiz, pela simples razão de que, poeticamente, eu era incapaz", confessa Waldo Rojas,[37] poeta, escritor e professor de literatura na Universidade de Paris III.

Essa dificuldade, vivenciada pelos poetas em exílio, de "estarem e não estarem", o fato mesmo de se encontrarem na posição de dentro e

---

[35] *D'encre et d'exil 3...*, 2004:29.
[36] Idem, p. 87.
[37] Idem, p. 18.

de fora possibilitou, como afirma Luís Mizon, uma maior lucidez. "Eis ainda uma coisa que é positiva no exílio: ele o coloca a boa distância das coisas."[38]

Os exemplos citados de "distanciamentos" culturais permitem ilustrar uma forma de "pensamento de exílio", fazendo emergir os aspectos positivos do desenraizamento. Esse pensamento crítico tende a questionar o que habitualmente não constitui objeto de questionamento. Enquanto estrangeiro e marginal, o exilado não deixa de ser propenso à formulação de uma reflexão mais crítica e, portanto, mais objetiva.

Na perspectiva de Edward Saïd (1996:76), o exilado, em razão de sua posição "entre dois mundos", torna-se condição da possibilidade de uma "utopia do intelectual". Cético em relação às "verdades", eternamente insatisfeito diante dos fatos, o intelectual exilado "aprende a enfrentar situações de profunda instabilidade", sem jamais considerá-las definitivas. Evidentemente, para o autor, esse exílio intelectual nem sempre corresponde a uma condição "real", ele é, sobretudo e igualmente, uma condição "metafórica". O pensamento de exílio, rompendo com a ilusão de um possível retorno a uma pátria qualquer (Theodor Adorno) procede de uma inspiração utópica: *"o pensar livre e que resiste visa para além dele mesmo"*.[39]

Embora atípicos, os exilados acima referenciados vivenciaram, em condição real, os processos de transculturação (assimilação e trânsito de uma cultura a outra), de transferência de idéias (de dentro para fora, que implica apropriações e transformações) e, sobretudo, de "distanciamento" crítico.

Assim, o exílio como ilustração de uma situação de distanciamento cultural forjou a imagem do "intelectual exilado" (certamente como figura retórica), aquele pensador "sem amarras", em permanente busca de sentidos.

Referências bibliográficas

ABENSOUR, Miguel. La théorie critique: une pensée d'exil? In: JAY, Martin. *L'imagination dialectique — l'École de Francfort, 1923-1950*. Paris: Payot, 1977.

---

[38] *D'encre et d'exil 3...*, 2004:35.
[39] Vermeren, 1992:194.

ADORNO, Theodor. *Minima moralia; réflexions sur la vie mutilée*. Paris: Payot, 1980. (Coll. Critique de la Politique.)

CAMARGO, Aspásia; LOYOLA, Maria Andréa (Entrev.). *Celso Furtado*. Rio de Janeiro: Uerj, 2002.

CHALIAND, Gérard. *Mythes révolutionnaires du Tiers Monde — guérillas et socialisme*. Paris: Seuil, 1979.

D'ENCRE ET D'EXIL 3 — rencontres internationales des écritures de l'exil. Paris: Bibliothèque Centre Pompidou, 2004.

DOSSE, François. *La marche des idées; histoire des intellectuels, histoire intellectuelle*. Paris: La Découverte, 2003.

HURTADO-BECA, Cristina. Le deuxième exil: le retour au pays. *Hermès — Cognition, Communication, Politique*, CNRS, v. 10, 1992.

JAY, Martin. *L'imagination dialectique — l'École de Franckfort, 1923-1950*. Paris: Payot, 1977.

LAPIERRE, Nicole. *Pensons ailleurs*. Paris: Stock, 2004.

LÖWY, Michael. *Pour une sociologie des intellectuels révolutionnaires; l'évolution politique de Lukacs (1909-1929)*. Paris: PUF, 1976.

MARTINS, Luciano. De la non-democratie. *Esprit — Amériques Latines à la Une*, oct. 1983.

PAZ, Octavio. L'Amérique Latine et la démocratie. *Esprit — L'Amérique Latine à la Une*, oct. 1983.

PÉCAUD, Daniel. *Entre le peuple et la nation; les intellectuels et la politique au Brésil*. Paris: Maison des Sciences de l'Homme, 1989.

SÁENZ CARRETE, Erasmo. *El exílio latinoamericano en Francia, 1964-1979*. Ciudad de México: Potrerillos, Universidad Autónoma Metropolitana, 1995.

SAÏD, Edward. *Des intellectuels et du pouvoir*. Paris: Seuil, 1996.

———. *Reflections on exile and others essays*. Cambridge, Mass.: Harvard University Press, 2000.

SILVA, Helenice Rodrigues da. *Texte, action et histoire — réflexions sur le phénomène de l'engagement*. Paris: L'Harmattan, 1995.

SIMMEL, Georg. *Sociologie*. Paris: PUF, 1999.

STRAUSS, Herbert H. (Ed.). *Jewish immigrants of the Nazi period in the USA*. München: Saur, 1987. 6v.

TRAVERSO, Enzo. *La pensée dispersée — figures de l'exil judéo-allemand*. Paris: Lignes, Léo Scheer, 2004.

VASQUEZ, Ana; ARAÚJO, Ana Maria. *Exils latino-américains — la malédiction d'Ulysse*. Paris: L'Harmattan, Ciemi, 1988.

VERMEREN, Patrice. Philosophies de l'exil. *Hermès — Cognition, Communication, Politique*, CNRS, v. 10, 1992.

WERNER, Michael; ZIMMERMANN, Bénédicte. Penser l'histoire croisée: entre empirie et réflexivité. In: *Annales — Histoire, Sciences Sociales*, v. 58, n. 1, jan./fév. 2003.

Parte II

EXPRESSÕES LITERÁRIAS DA MIGRAÇÃO

2

INTERAÇÕES VERBAIS, INTERCULTURAIS E PERCEPÇÕES DO PERSONAGEM-NARRADOR MIGRANTE EM CAIO FERNANDO ABREU

*Heliane Kohler**

> "O sentimento do migrante de ser desenraizado, de viver entre mundos, entre um passado perdido e um presente não integrado, é talvez a metáfora que melhor se adapta a esta condição (pós)-moderna."
>
> *Iain Chambers*

Anos 1960

Intensificada pelo regime militar que se radicalizou em 1968, a política do terror marcou o final dos anos 1960 e os primeiros anos da década de 1970 no Brasil. Censura, prisões, torturas, desaparecimentos, clandestinidade, exílio constituíram as conseqüências da violência ditatorial contra os opositores do regime, entre os quais artistas, escritores, intelectuais, professores, jornalistas, estudantes — importantes segmentos sociais pertencentes às classes médias intelectualizadas.[1] Em nome da "segurança nacional" e do "combate à subversão comunista", o regime militar reduziu ao silêncio todas as vozes divergentes, todos os movimentos sociais de contestação, e o Brasil viveu, até o final do governo do general Garrastazu Médici (1969-74), o período mais violento da ditadura militar implantada em 1964. Autoritária e militarista, a retórica do poder estava afixada nos *outdoors*, que exibiam em grandes letras o lema "Brasil:

---

* Da Université de Franche-Comté, em Besançon, França.
[1] Cf. Paes, 1992.

ame-o ou deixe-o",[2] complementado satiricamente pelo jornal alternativo surgido em 1969, *O Pasquim*, com a frase "...o último a sair apague a luz do aeroporto". Se, por um lado, a repressão política incitava os jovens instruídos a deixarem o país, por outro, a crença em novos horizontes alternativos, entrevistos pelo fenômeno *underground*, reforçava o desejo de partir nessa geração contestatária.

Conjunto dos movimentos de *marginalização* ou de *contestação*, o fenômeno *underground*, ou a contracultura, surgiu nos Estados Unidos, nos anos 1960, em oposição aos valores e às normas da sociedade de consumo, através de vários fenômenos socioculturais e movimentos artísticos: *hippies, flower power, new left*,[3] "arte engajada", *women's lib, protest song* (Bob Dylan, Joan Baez), *acid rock, head music*... A contracultura expandiu-se pela Europa ocidental, sobretudo pelos países nórdicos, e por outras partes do mundo abertas a influências culturais dos "centros". Com a contracultura surgiu a filosofia do *dropout*, ou seja, "viver à margem da sociedade", recusar a cultura dominante, experimentar novas formas de vida — vivências comunitárias, filosofias e misticismos orientais, vegetarianismo, drogas como o LSD... — e fugir de tudo o que representasse repressão e opressão (sistemas políticos, autoritarismo da sociedade, racionalismo, esquemas burgueses e capitalistas). A incitação à marginalização, impelida pela contestação cultural, levaria essa geração a pensar na *mobilidade*, no *deslocamento*, como forma e perspectiva vivenciais. Segundo Luis Carlos Maciel (1987), um dos introdutores da contracultura no Brasil, tratava-se de "um projeto novo de ser feliz, a despeito e à margem do sistema". Embora o termo *underground* fosse corrente nos anos 1960 no Brasil, a contracultura só apareceu na produção cultural brasileira após o tropicalismo — movimento encerrado oficialmente em fins de 1968. Analisando o movimento e a produção cultural *underground* no Brasil, Heloísa Buarque de Holanda (1980) explicita:

> A marginalização é tomada (...) no sentido de ameaça ao sistema; ela é valorizada exatamente como opção de violência, em suas possibilidades de

---

[2] Cf. Habert, 1992.
[3] Movimento político dos jovens que lutavam contra a Guerra do Vietnã.

agressão e transgressão. A contestação é assumida conscientemente. O uso de tóxicos, a bissexualidade, o comportamento descolonizado são vividos e sentidos como gestos perigosos, legais e, portanto, assumidos como contestação de caráter político.

No âmbito internacional, o momento mais simbólico da contracultura — cultura marginal e, ao mesmo tempo, comunitária — foi o grande encontro de Woodstock no verão de 1969, evento intitulado Woodstock Music & Art Fair — First Aquarian Expo. O ano seguinte foi marcado pelas mortes de Jimi Hendrix e Janis Joplin, por *overdose*, e pela dissolução dos Beatles. O "sonho" tinha acabado, como proferiu John Lennon. Pode-se, porém, situar historicamente o final da "bela orgia" dos anos 1960 com a crise do petróleo de 1973, que encerrou os Trinta Gloriosos e iniciou um novo ciclo socioeconômico-cultural nos países ocidentais.

Imbuído de valores das diferentes correntes do pensamento *underground*, Caio Fernando Abreu (1948-1996) foi uma das figuras mais importantes da contracultura na ficção literária, sem se integrar a nenhum grupo específico nas cidades onde viveu — Porto Alegre, Rio de Janeiro, São Paulo. Oprimido pela situação repressiva do país — "a degradação completa, o medievalismo e a Inquisição reinstaurados"[4] —, revoltado com a intensificação da censura de publicações, o escritor e jornalista gaúcho, que sempre se considerou um "ser nômade", desde o início dos anos 1970 sonhava em deixar o país, seguindo o exemplo de muitos amigos que já viviam em Londres. Partir significava para ele não só fugir da repressão, mas viver intensamente, e encontrar pessoas — condições indispensáveis a seu trabalho de escritor. Entretanto, somente em abril de 1973, Caio teve condições de partir para a Europa, onde viveu até meados de 1974, a maior parte do tempo em Londres. Desse período de vivência européia, de intensa reflexão e aprendizagem "multicultural" e pouca produção literária, datam alguns trabalhos, como o conto "London, London ou Ajax, *brush and rubbish*" e "Lixo e purpurina", "diário, em parte verdadeiro, em parte ficção", segundo o autor. Autobiográficos, os dois textos gravitam em torno do personagem-narrador, um brasileiro migrante, diante das dificuldades

---

[4] Carta a Hilda Hilst, Porto Alegre, 4-3-1970, em Abreu, 2005:293.

cotidianas e dos confrontos culturais em Londres — espaço geográfico e cultural dos anos 1973 (o conto)/1974 (o diário) —, explicitando o contexto enunciativo e delimitando o quadro diegético.

Neste capítulo, vamos nos limitar ao conto "London, London ou Ajax, *brush and rubbish*",[5] texto emblemático, na obra de Caio, da reflexão/construção ficcional referentes à experiência de desterritorialização, ou seja, à condição de migrante estrangeiro do escritor e do narrador-personagem, num contexto espaço-temporal insuspeitado, que revela defasagens temporais e culturais e discordâncias entre as *ilusões de fora* (Brasil) e a *realidade de dentro* (Europa). Analisarei alguns aspectos essenciais da experiência migratória do personagem-narrador: o contexto espaço-temporal (a Londres de 1973), os encontros/confrontos culturais, suas buscas identitárias, as estratégias de sobrevivência adotadas pelo protagonista migrante num universo por demais distante de seus sonhos *underground*.

Contextualização e vivência do protagonista migrante

Não se pode apreender a construção do espaço ficcional sem se fazer referência ao contexto econômico inglês em 1973, caracterizado pela crise do petróleo, que modificou profundamente a situação sociopolítica na Europa. Numa correspondência de Caio Fernando Abreu para sua família, datada de dezembro de 1973, ele explica sua situação em Londres.

> (...) aqui não tá fácil. Eu precisei sair do emprego no restaurante. Com a crise; não tinha calefação nem água quente. Era um gelo. Além disso, o chefe, um alemão, humilhava muito a gente. Foi duríssimo. Eu estou sem um tostão furado — e correm boatos de desemprego e coisas assim. Ao mesmo tempo, dizem que a situação aí na América Latina também está horrível. A crise mais séria aqui é mesmo na Inglaterra. Outro dia fiquei uma hora esperando o metrô, não tinha energia. Tem pouquíssima luz nas ruas e explodem bombas por todo lado.[6] (...) Outro dia eu tava tão baratinado que quase escrevi pedindo uma passagem. Resisti. Não é hora

---

[5] Que se encontra em Abreu, 1996.
[6] Referência aos atentados do IRA.

de voltar, agora, a senhora sabe. (...) Outro problema é o frio. Mas a gente se sente livre aqui, isso é o mais importante.[7]

Autobiográfico, como já salientei, o conto "London, London ou Ajax, *brush and rubbish*" ficcionaliza a dura realidade cotidiana do protagonista-narrador: trabalhos de *cleaner*, seus trajetos e deambulações pela cidade, seus encontros e conversas com ingleses e estrangeiros, suas inúmeras reflexões ("discurso interior"). É importante ressaltar que a designação espacial (London) aparece somente duas vezes: no final do texto e no título, híbrido, e aparentemente díspar do ponto de vista semântico. A referência à música de Caetano Veloso, *London, London*, afixa o dialogismo interdiscursivo[8] e é logo seguida de termos depreciativos ("Ajax, *brush and rubbish*"), aludindo ao emprego do protagonista — *cleaner*. No miolo do texto, a designação do contexto espacial (Londres) é metafórica: *Babylon City*. Não só essa definição conotativa da cidade, mas todas as categorizações e designações do universo ficcional provêm da percepção do personagem-narrador, filtrada por suas experiências vivenciais (decepções e desencantos) e sua condição marginal (migrante estrangeiro):

> *I've got something else.* Mas onde os castelos, os príncipes, as suaves vegetações, os grandes encontros — onde as montanhas cobertas de neve, os teatros, balés, cultura, História — onde? Dura paisagem, *hard landscape*. Tunisianos, japoneses, persas, indianos, congoleses, panamenhos, marroquinos, Babylon City ferve. *Blobs in strangers' hands*, virando na privada o balde cheio de sifilização, enquanto puxo a descarga para que Mrs. Burnes (ou Lascelley ou Hill ou Simpson) não escute meu grito.[9]

Através do discurso interior híbrido, mesclado de palavras e frases em inglês e em espanhol, o protagonista exprime suas dificuldades cotidianas e o imenso fastio físico e moral de sua precária e humilhante situação de migrante faxineiro:

---

[7] Abreu, 2005:312.
[8] Cf. Kohler, 2001.
[9] Abreu, 1996:45.

Bolhas nas mãos. Calos nos pés. Dor nas costas. Músculos cansados. Ajax, *brush and rubbish*. Cabelos duros de poeira. Narinas cheias de poeira. *Stairs, stairs, stairs. Bathrooms, bathrooms. Blobs.* Dor nas pernas. Subir, descer, chamar, ouvir. *Up, down. Up, down. Many times got lost in undergrounds, corners, places, gardens, squares, terraces, streets, roads.* Dor, *pain, blobs,* bolhas.[10]

Intercalando o discurso narrativo com o discurso interior, o personagem-narrador explicita e exprime suas inquietações financeiras. "£10. O aluguel da semana mais um ou dois maços de Players Number Six. Alguns sanduíches e ônibus, porque metrô a gente descola, *five* na entrada e *five, please*, na saída. Reviro a bolsa: passaporte brasileiro, patchuli hindu, moedas suecas, selos franceses, fósforos belgas, Cesar Vallejo e Sylvia Plath."[11] Compreende-se melhor o título do conto e por que Londres equivale a "Ajax, *brush and rubbish*".

Em suas deambulações pela *Babylon City*, o protagonista rememora cenas, histórias, palavras, imagens, leituras, textualizadas num discurso interior — polifônico (vozes de diferentes locutores) e dialógico (interações e referências a outros enunciadores) —, que exprime suas ansiedades, decepções e incertezas:

Caminho, caminho. Rimbaud foi para a África, Virginia Woolf jogou-se num rio. Oscar Wilde foi para a prisão. Mick Jagger injetou silicone na boca (...). Espero, espero. Mrs. Burnes não vem. *Wait her and after call me.* Espero, espero. Mrs. Burnes não vem. (...) no muro perto de casa alguém escreveu com sangue: **"Flower-power is dead"**. É fácil, magro, tu desdobra numa boa: primeiro procura apartamento, depois trabalho, depois escola, depois, se sobrar tempo, amor. Depois, se preciso for, e sempre é, motivos para rir e/ou chorar — ou qualquer coisa mais drástica, como viciar-se definitivamente em heroína, fazer *auto-stop* até o Katmandu, traficar armas para o Marrocos ou — sempre existe a *old-fashion* — morrer de amores por **alguém que tenha nojo de sua pele latina**. *Why not?*[12]

---

[10] Abreu, 1996:45.
[11] Ibid., p. 48.
[12] Ibid., p. 48, destaques meus.

Alteridades e ficções identitárias

Os trabalhos de psicologia social nos dizem que a "identidade" de um indivíduo provém, em grande parte, do olhar do outro. Cada um traz consigo, de maneira mais ou menos explícita, um julgamento sobre a identidade do outro, e é julgado de maneira análoga. Ora, essa dinâmica intersubjetiva pode afetar profundamente os atores de uma interação e provocar modificações em suas identidades.

> Numa interação, um indivíduo pode se ressentir de que a sua imagem enviada pelo outro — através de palavras, gestos, comportamentos — seja uma imagem depreciativa, discriminatória e até mesmo agressiva. Essa experiência pode perturbar o sujeito e instalar, no âmago de sua identidade, uma dúvida a respeito de seu real valor e da dignidade de seus objetivos.[13]

Se, por um lado, o ressentimento individual influencia a percepção que o indivíduo tem de si mesmo e da atitude dos outros para com ele, por outro lado, esse ressentimento baseia-se, em grande medida, em critérios subjetivos, como a vivência ou a experiência. Desse modo, as verdades "factuais" podem contar menos que as "verdades" ressentidas de maneira subjetiva ou vividas concretamente pelo indivíduo em questão. Filtrada pela vivência pessoal ou pelo ressentimento interior, a "verdade" de um um gesto, de uma palavra, de uma situação reside no ato de interpretação (subjetivo, relativista) do receptor, e não mais na intenção do emissor, ou na própria mensagem. A "verdade" situa-se, assim, na maneira pela qual a mensagem é sentida e integrada a uma experiência de vida e a uma perspectiva pessoal. "Essa focalização no momento da recepção e na sua 'fragmentação' faz com que as interações multiculturais tornem-se ainda mais complexas."[14]

A percepção do protagonista de ser constantemente o estranho, o outro, o que está fora de lugar é exacerbada pela maneira como é "visto"

---

[13] Semprini, 2000:76.
[14] Ibid., p. 80.

pelos ingleses, ou seja, pelo olhar que estes projetam sobre ele, olhar ressentido como indiferente, desprezível ou curioso, reforçando a impressão de exclusão e fazendo emergir seu sentimento de "ser diferente".

> Elas passam, eles passam. Alguns olham, quase param. Outros voltam-se. Outros, depois de concluir que não mordo, apesar de meu cabelo preto e olho escuro, aproximam-se solícitos e, como nesta ilha não se pode marcar impunemente pelas esquinas, com uma breve curvatura agridem-me com sua *British hospitality:*
> — *May I help you? May I help you?*[15]

Suas autodesignações, sutilmente irônicas, revelam seu sentimento do "ser" exótico projetado pelo olhar dos autóctones: "Ela sorri ao passar (...) e salpica algumas gotas de óleo na ponta dos dedos e passa — *slowly, slowly* — na minha testa, na minha face, no meu peito, nas cicatrizes suicidas de meus pulsos de índio".[16]

Espaço pluricultural por excelência, *Babylon City* permite ao protagonista viver encontros imprevisíveis e, desse modo, ressituar-se do ponto de vista identitário: o "estrangeiro" que é também o "estranho", ou seja, o *gay*. As sutilezas narrativas desse episódio, no qual o "outro" é também o "diferente", manifestam-se através da ironia e da autoderrisão, apesar da utilização da terceira pessoa. "(...) navego, navego nas *waves* poluídas de Babylon City, depois sento no Hyde Park, W2, e assisto ao encontro de Carmenmiranda com uma Rumbeira-from-Kiúba. (...)." Como toda "identidade" é relacional, diante de um migrante cubano dançarino, o migrante brasileiro torna-se "Carmenmiranda" — estereótipo da cultura brasileira exportada, da cantora e atriz que representa o Brasil no exterior.[17]

Perhaps pelas origens tropicais e respectivos *backgrounds*, comunicam-se por meio de requebros brejeiros e quiçá pelo tom dourado das folhas de

---

[15] Abreu, 1996:46-47.
[16] Ibid., p. 46.
[17] Ver capítulo 9, de Walnice Nogueira Galvão.

outono (*like* Le bonheur, *remember* Le Bonheur?), talvez, *maybe* amem-se imediatamente.[18]

Para dissipar suas malogradas experiências, o narrador-personagem recorre ao humor, cuja definição é impossível,[19] como se pode constatar na significação dada pelo poeta francês Max Jacob: "uma faísca que disfarça as emoções, responde sem responder, não fere e diverte".[20] Freud (1969), por sua vez, explica o humor referindo-se a um eu que se defende do sofrimento e se recusa a se deixar levar pelas contradições do mundo exterior.

Convém lembrar que a imbricação do factual no ficcional é patente, nesse conto de Caio Fernando Abreu que explora suas experiências de migrante em Londres, na vivência de seus personagens na *Babylon City*. Em suas cartas de Londres a amigos brasileiros, Caio menciona seu encontro com um cubano, que há bastante tempo já vivia em Londres, onde estudava dança moderna. Ele faz referência às grandes dificuldades relacionais com essa pessoa, em quem depositara grandes esperanças. "É tão difícil me comunicar com ele. (...) Conviver é difícil — as pessoas são difíceis — viver é difícil paca", conclui Caio (2005:311).

É importante observar, no conto em questão, as interações verbais do protagonista-migrante com seus interlocutores ingleses, isto é, as comunicações interculturais de tipo exolíngua entre ele (um locutor "não-nativo") e um locutor "nativo". Na comunicação exolíngua, a questão da alteridade está duplamente presente: a alteridade lingüística (outra língua) e a alteridade do outro (o não-nativo). Se, por um lado, essas interações assinalam a disparidade lingüística existente entre um locutor nativo e um locutor estrangeiro, por outro, revelam a presença de estereótipos e de representações prévias por parte dos dois locutores, já que ambos possuem sistemas de referência distintos. O caráter desigual[21] desse tipo de comunicação intercultural, uma vez que a competência lingüística não é similar,

---

[18] Abreu, 1996:44.
[19] Escarpit, 1981.
[20] "*Une étincelle qui voile les émotions, réponds sans répondre, ne blesse pas et amuse.*" (Conseils à un jeune poète, tradução minha).
[21] Cf. François et al., 1990.

realizado num contexto de interlocução assimétrica, provoca equívocos e mal-entendidos para ambos os interlocutores:

— *Good morning, Mrs. Dixon! I'm the cleaner!*
— *What? The killer?*
— *Not yet, lady, not yet. Only the cleaner...*
Chamo Mrs. Dixon de Mrs. Nixon. É um pouco surda, não entende bem. Preciso gritar bem junto à pérola (jamaicana) de sua orelha direita. Mrs. D(N)ixon usa um colete de peles (siberianas) muito elegante sobre uma malha negra, um colar de jade (chinês) no pescoço. Os olhos azuis são duros e, quando se contraem, fazem oscilar de leve a rede salpicada de vidrilhos (belgas) que lhe prende o cabelo. Concede-me algum interesse enquanto acaricia o gato (persa):
— *Where are you from?*
— *I'm brasilian, Mrs. Nixon.*
— *Ooooooooooouuuuuu, Persian? Like my pussycat! It's a lovely country! Do you like carpet?*
— *Of course, Mrs. Nixon. I love carpets!* Para auxiliar na ênfase, acendo imediatamente um cigarro. Mas Mrs. Nixon se eriça toda, junto com o gato:
— *Take care, stupid! Take care of my carpets! They are very-very expensive!*
Traz um cinzeiro de prata (tailandês) e eu apago meu cigarro (americano). *But sometimes, yo hablo también un poquito de español e, if il faut, aussi un peu de français.*[22]

Nesse exemplo de comunicação intercultural de tipo exolíngua, a primeira constatação refere-se à "posição inter-relacional" dos dois interlocutores, ou seja, ao "lugar" ocupado por cada um no espaço interativo, considerado de uma perspectiva relacional de tipo hierárquico. Nessa comunicação, a posição superior é *a priori* ocupada por *mrs.* Dixon, tanto do ponto de vista lingüístico (locutora nativa), do ponto de vista social (ela é a empregadora do protagonista-migrante). Colocado desde o início dessa interação verbal numa situação subalterna, o protagonista consegue, porém, se reposicionar, servindo-se da derrisão e da ironia.[23] Não só o jogo

---
[22] Abreu, 1996:43-44.
[23] Cf. Kohler, 1996.

de palavras (*cleaner/ killer*, Mrs. D(N)ixon), mas sobretudo os reforçativos utilizados pelo locutor não-nativo (*Lady, I love carpets!*) e as inúmeras ênfases constituem indícios de ironia no seu discurso. Por outro lado, as informações e impressões passadas pelo narrador-protagonista a respeito de *mrs.* Dixon ("É um pouco surda, não entende bem"; "(...) Mrs. Nixon se eriça toda, junto com o gato"), e as descrições de seus aparatos e de seu animal, sublinhando a origem estrangeira de todos os seus pertences, têm por objetivo criticar a atitude interlocutiva superior da locutora nativa. Exibindo, no final da comunicação exolíngua, seu conhecimento de diferentes línguas (além do inglês, o espanhol e o francês), o locutor-protagonista visa subverter sua posição inter-relacional inferior.

Postos em prática em suas experiências de migrante, o humor, a derrisão, a ironia constituem as armas de resistência, ou melhor, as estratégias de sobrevivência do protagonista-narrador, migrante brasileiro perdido na *Babylon City* e incapaz de se integrar na vida comunitária com patrícios, também migrantes.

> Sempre anoitece cedo e na sala discutem as virtudes da princesa Anne (...) e ouvem rock que fala numa ilha-do-Norte-onde-não-sei-se-por-sorte-ou-por-castigo-dei-de-parar-por-algum-tempo (...) hoje-eu-me-sinto-como se agora fosse também ontem, amanhã e depois de amanhã, como se a primavera não sucedesse ao inverno, como se não devesse nunca ter ousado quebrar a casca do ovo, como se fosse necessário acender todas as velas e todo o incenso que há pela casa para afastar o frio, o medo e a vontade de voltar. (...) Procuro o fósforo, acendo um cigarro. A pequena ponta avermelhada fica brilhando no escuro. *Sorry, in the dark: red between the shadows.* Quase como um farol. *Sorry: a lighthouse.* Magrinha, lá na Bahia, localiza minha pequena luz (...) e fala assim, com um acento bem horroroso, que Shakespeare se retorça no túmulo, fala assim:
> — De beguiner is ólueis dificulti, suiti ronei, létis gou tu trai agueim. Iuvi góti somessingui élsi, dont forguéti iti.
> *I don't forget.*[24]

---

[24] Abreu, 1996:50.

Nos momentos depressivos, lembranças desopilantes, como as do discurso da amiga baiana, provocam, pela comicidade do tom, uma suspensão provisória das frustrações do protagonista migrante. Convém sublinhar a acepção de "humor" como remédio para a melancolia, procurando não só caricaturar um traço específico de um personagem, mas também ocultar a impotência humana diante de um universo hostil.

À guisa de conclusão

A produção factual de Caio Fernando Abreu do período londrino, correspondências, diários, deixa patente a similitude do conto com as experiências vividas pelo autor nesse período em que conheceu e sentiu a Europa como migrante. De fato, "London, London..." retoma a temática de seus relatos autobiográficos, ou seja, sua vida nesse contexto espaço-temporal. Explorando a própria experiência na vivência de personagens ficcionais, o conto concebe a migração como "categoria estética".[25]

A mobilidade do local da enunciação incide, portanto, no objeto da enunciação: a condição de migrante (do autor e de suas criaturas ficcionais). Tendo a migração como objeto do discurso ficcional, Caio Fernando Abreu está em posição de pensar não só a situação do migrante, mas também o caráter ilusório do sonho de realização na Europa, e de se certificar do forte etnocentrismo europeu.

Por outro lado, ao escrever sobre a situação do migrante, o escritor reflete sobre a alteridade, a questão da clivagem do sujeito (o "mesmo"/o "outro") e das múltiplas facetas identitárias. Assim como o protagonista do conto, Caio não está nem inserido no contexto londrino, nem integrado na comunidade brasileira, como revelam seus relatos autobiográficos, notadamente suas correspondências. Numa carta a uma amiga, ele explica seu sentimento em relação à vida comunitária em Londres:

> sempre entre pólos que não me agradam: o desbunde dum lado, a frescura do outro. Fico no meio. Sinto falta de solidão, de silêncio.(...) Sabe o que

---

[25] Porto, 2003:49.

sinto? Tem duas coisas me puxando, dois tipos de vida — e eu não quero nenhum deles. Quero um terceiro, o meu. Que ninguém tá curtindo.[26]

Essa busca da *terceira opção* é perceptível no protagonista de "London, London…", cansado de ser sempre visto como o "outro", deprimido com a dura condição de migrante, com a falta de dinheiro, com a vida comunitária.

> Reviro a bolsa (…). Olho no chão. Afasto as pernas das pessoas, as latas de lixo, levanto jornais, empurro bancos. Tenho duas opções: sentar na escada suja e chorar ou sair correndo e jogar-me no Tâmisa. Prefiro tomar o próximo trem para a próxima casa, navegar nas *waves* de meu próprio assobio e esperar por Mrs Burnes, que não vem, que não vem.[27]

A terceira opção é o *humor*, que, segundo Freud (1969:369), pode ser *solitário*. É no humor que o ego consegue dominar finalmente a derrota que ele finge (representa), resultando no triunfo do narcisismo, na invulnerabilidade do ego que se afirma vitoriosamente. Através do humor, o traumatismo do mundo exterior é momentaneamente superado pelo protagonista, até conseguir algo melhor — "*something else*", "*I've got something else*" — *leitmotiv* do texto ficcional, expressão dita e redita no discurso do personagem-narrador, como desejo, promessa, certeza, sentimento de injustiça, e resposta a dizeres de outros locutores:

> — (…) *I think you've got something else.*
> *I've got something else.*
> — (…) Iuvi góti somessingui élsi, donti forguéti iti.
> *I don't forget.* Meu coração está perdido, mas tenho um *London* de A a Z na mão direita e na esquerda um *Collins dictionary*. Babylon City estertora, afogada no lixo ocidental. *But I've got something else. Yes, I do.*[28]

---

[26] Abreu, 2005:308, 311.
[27] Abreu, 1996:48.
[28] Ibid., p. 45, 50.

Conotando decisão, essas palavras finais do protagonista encerram o texto ficcional. Não se pode esquecer que, no fim de maio de 1974, Caio regressou ao Brasil, relatando sua viagem de retorno no conto-diário "Lixo e purpurina":

> (...) Sinto uma dor enorme de não ser dois e não poder assim um ter partido, outro ter ficado com todas aquelas pessoas.
> Volta a pergunta maldita: terei realmente escolhido certo? E o que é o "certo"? Digo que todo caminho é caminho, porque nenhum caminho é caminho. Que aqui ou lá — London, London, Estocolmo, Índia — eu continuaria sempre perguntando. Minhas mãos transpiram, transpiram. O nariz seco por dentro. Não quero escrever mais nada hoje. (...)
> A lua já se foi. As Plêiades, como dizia Safo, já foram se deitar. E eu vim-me embora, meu Deus, eu vim-me embora.[29]

Suas dúvidas quanto à resolução da volta ao país exprimem a própria situação esquizofrênica do migrante: divisão do sujeito, ambivalência de pensamentos e de sentimentos, conduta paradoxal, dificuldades de se conectar à realidade.

Referências bibliográficas

ABREU, Caio Fernando. *Ovelhas negras; de 1962 a 1995*. 2. ed. Porto Alegre: Sulina, 1995.

——. *Estranhos estrangeiros*. São Paulo: Companhia das Letras, 1996.

——. *Caio3D — o essencial da década de 1970*. Rio de Janeiro: Agir, 2005.

BHABHA, Homi. *O local da cultura*. Belo Horizonte: UFMG, 1998.

CHAMBERS, Iain. *Migrancy, culture, identity*. London: Routledge, 1994.

ESCARPIT, Robert. *L'humour*. 2. ed. Paris: PUF, 1981.

FRANÇOIS, Frédéric et al. *La communication inégale — heurs et malheurs de l'interaction verbale*. Neuchâtel: Delachaux & Niestlé, 1990.

---

[29] Abreu, 1995:135-136.

FREUD, Sigmund. *Le mot d'esprit et ses rapports avec l'inconscient.* Trad. Marie Bonaparte. Paris: NRF, Gallimard, 1969.

HABERT, Nadine. *A década de 70 — apogeu e crise da ditadura militar brasileira.* São Paulo: Ática, 1992.

HOLANDA, Heloísa Buarque de. *Impressões de viagem, CPC, vanguarda e desbunde: 1960-1970.* São Paulo: Brasiliense, 1980.

KERBRAT-ORECCHIONI, Catherine. *Interactions verbales.* Paris: Armand Colin, 1994. t. 3.

———. *Le discours en interaction.* Paris: Armand Colin, 2005.

KOHLER, Heliane. Comunicação exolíngua e ato de ironia. In: *Conversa de viagem: atas dos congressos literários de Campina Grande, 1994.* Campina Grande: UFPB, Universitária, 1996.

———. Le dialogisme dans la fiction narrative de Caio Fernando Abreu — l'exemple des relations texte/musique. In: *Une domestique dissipée — essais sur la fiction en Amérique Latine.* Besançon: Presses Universitaires Franc-Comtoises, 2001.

MACIEL, Luis Carlos. *Anos 60.* Porto Alegre: L&PM, 1987.

PAES, Maria Helena Simões. *A década de 60 — rebeldia, contestação e repressão política.* São Paulo: Ática, 1992.

PORTO, Maria Bernadette. Negociações identitárias e estratégias de sobrevivência em textos de migrações nas Américas. In: BERND, Zilá (Org.). *Americanidade e transferências culturais.* Porto Alegre: Movimento, 2003.

SEMPRINI, Andrea. *Le multiculturalisme.* 2. ed. Paris: PUF, 2000.

SIBONY, Daniel. *Entre-deux: l'origine en partage.* Paris: Seuil, 1991.

TOURAINE, Alain. Contre-culture. In: *Encypopaedia Universalis.* Paris: s.ed., 1984.

3

TRAVESSIAS CULTURAIS E IDENTITÁRIAS NA NARRATIVA DE MILTON HATOUM

*Vera Lucia Soares**

Desde as épocas mais remotas, os povos deslocam-se de um lado para outro do planeta em busca de lugares mais seguros para se instalar em razão de alguma catástrofe da natureza ou por terem tido suas terras conquistadas ou usurpadas por outros povos. "A história é também a história das migrações e, logo, das mestiçagens" — afirma Albert Memmi (2004:91). Mas, a partir do século XX, os movimentos migratórios intensificaram-se e ganharam novas feições. Entre os principais fatores estariam as guerras mundiais, os conflitos sociais internos e as crises econômicas das antigas colônias européias da África e da Ásia e também de outros países do chamado Terceiro Mundo, resultantes, em grande parte, da política externa das nações hegemônicas. Paralelamente, os processos de globalização aceleraram-se e cruzaram as fronteiras nacionais, "integrando e conectando comunidades e organizações em novas combinações de espaço-tempo, tornando o mundo, em realidade e experiência, mais interconectado".[1]

O escritor e ensaísta antilhano Édouard Glissant (1996:19) considera que as migrações favorecem a criação, em diferentes partes do mundo, de "micro- e macroclimas de interpenetração cultural e lingüística". Mas

---

* Da Universidade Federal Fluminense.
[1] Hall, 2001:67.

ele também observa que, quando essa interpenetração se torna muito forte, as nações imbuídas de suas certezas identitárias se sentem ameaçadas de dissolução e os velhos demônios da pureza e da antimestiçagem se manifestam, gerando discriminações e conflitos de toda sorte.

Essa crise identitária, que é, sem dúvida, uma marca do final do século XX e do início do XXI, vem abalando sobretudo as grandes comunidades da Europa. Para Glissant, isso se deve ao fato de se tratar de comunidades "atávicas", ou seja, baseadas na idéia de uma filiação a uma gênese ou a um mito fundador, o que lhes permitiu desenvolver uma concepção de identidade de raiz única, fixa e permanente. Conseqüentemente, tais comunidades vêem-se profundamente ameaçadas pelos resultados imprevisíveis do aumento gradativo da inserção, em seu meio social, de diferentes elementos culturais estrangeiros. Mas a interpenetração cultural no mundo de hoje é fato irreversível, dando origem a novas construções identitárias que escapam a qualquer noção de unidade, fixidez e acabamento. Assim, retomando Glissant, as culturas "atávicas" tendem a tornar-se "compósitas", ou seja, culturas resultantes de uma "crioulização", fenômeno que se caracteriza pelo encontro de elementos culturais vindos de horizontes os mais diversos e que realmente se imbricam e se confundem uns com os outros, dando alguma coisa de totalmente imprevisível. Ao contrário da mestiçagem, cujos efeitos podem ser calculados, a "crioulização" rege o imprevisível, criando "microclimas culturais e lingüísticos totalmente inesperados, espaços onde as repercussões das línguas ou das culturas umas sobre as outras são abruptas".[2]

Esse fenômeno, que, na perspectiva de Glissant, começa a se manifestar no mundo inteiro, já é experimentado há séculos no Caribe e em outras regiões da América, incluindo o Brasil. Trata-se, evidentemente, de um processo complexo e muitas vezes doloroso, pois implica uma mutação do pensamento humano no que concerne à questão identitária. "Como ser si mesmo sem se fechar ao outro e como se abrir ao outro sem se perder a si mesmo?"[3] — esta é a questão que ilustra as culturas compósitas da América e que se impõe no panorama atual do mundo.

---

[2] Glissant, 1996:19.
[3] Ibid., p. 23.

Inúmeros teóricos e pesquisadores de diferentes áreas do saber vêm se debruçando sobre o tema das identidades e culturas migrantes, sobretudo aqueles que de uma forma ou de outra vivenciaram ou ainda vivenciam a experiência da migração, do exílio, do entre-dois. Mas, enquanto os teóricos abordam criticamente esses novos paradigmas socioeconômico-culturais, muitos escritores põem em cena, em suas obras literárias, a própria experiência da errância e, jogando com o imaginário, indicam caminhos ou, como diria Paul Ricoeur, "soluções poéticas" para as aporias identitárias dos seres migrantes.

É preciso salientar, no entanto, que, para Ricoeur (1985:247), solucionar poeticamente as aporias não significa em absoluto dissolvê-las ou resolvê-las definitivamente, mas simplesmente despertá-las, torná-las produtivas. É para esse tipo de solução que apontam as "literaturas migrantes",[4] uma vez que, ao dramatizarem, ao representarem as aporias identitárias de personagens que vivenciam a errância entre línguas e culturas, elas as tornam produtivas.

Assim, transitando entre diferentes culturas, esses escritores migrantes exploram em suas narrativas literárias o que Homi Bhabha (1998:68) chama de "terceiro espaço", o entre-lugar da tradução e da negociação, que, evitando a política da polaridade, garante que o significado e os símbolos culturais escapem à unidade ou à fixidez primordial e possam ser apropriados, traduzidos, re-historicizados e lidos de outro modo. Ao dar forma a esse "terceiro espaço", suas narrativas transformam-se elas próprias em um espaço de criação, de invenção de novas possibilidades identitárias capazes de expressar a mobilidade e a pluralidade dos seres migrantes e das culturas compósitas.

O Brasil, considerado por Glissant parte dessa América compósita resultante de uma crioulização permanente, foi palco, ao longo de sua história, de múltiplos encontros e cruzamentos culturais, que, na perspectiva de Monica Velloso (2000:54), permitiram que se criasse "a imagem do

---

[4] Como definição de "literaturas migrantes", proponho a de Maria Bernadette Porto e Sonia Torres (2005:228): "a expressão 'literaturas migrantes' designa a produção literária construída a partir da perspectiva do (i)migrante, constituindo-se por uma prática concreta e crítica da desterritorialização, do estranhamento produtivo, vivenciado (...) sob a forma de tensões, trocas e travessias de línguas e culturas, de trânsitos entre o *ser* e o *tornar-se*" (grifos meus).

país como um 'caldeirão de culturas'". Mas, se os cruzamentos culturais aconteciam até pouco tempo atrás dentro do território nacional por conta da vinda constante de levas de imigrantes, nas últimas quatro décadas, o processo começa a se inverter devido ao movimento crescente de emigração de brasileiros para outros países, por vários motivos, entre os quais, o exílio político durante a ditadura militar e, mais recentemente, a busca de melhores oportunidades de trabalho. Além disso, como já foi dito no início deste capítulo, o fenômeno da globalização vem também intensificando o trânsito entre culturas.

Logicamente, a produção literária brasileira não poderia ficar insensível a todas essas mutações culturais. Alguns dos nossos escritores da atualidade têm colocado a questão da migração, do ir e vir entre culturas como elemento central da trama de seus romances. É o caso, entre outros, de Milton Hatoum, escritor amazonense descendente de imigrantes libaneses, cuja narrativa se faz expressão desse hibridismo que está na base não só de sua origem, mas também da construção do cenário cultural brasileiro. É na travessia, na errância entre línguas e culturas, sobretudo entre as culturas oriental e ocidental, que Milton Hatoum constrói sua narrativa, uma narrativa essencialmente polifônica, na qual ecoa a tradição oral dos narradores orientais.

As tramas de seus romances têm como centro simbólico a cidade de Manaus e seus arredores. A Manaus representada nos livros de Hatoum é um verdadeiro "caldeirão de culturas", formado pelo encontro de imigrantes de diferentes origens que nela se instalaram na primeira metade do século XX, misturando-se à população local. Além disso, os personagens principais, em geral descendentes desses imigrantes, vivem em constante trânsito não só entre as várias culturas que habitam essa capital do Norte, mas também entre outras cidades do Brasil e do mundo. A errância é, portanto, marca registrada da narrativa de Milton Hatoum.

Em seu primeiro romance, *Relato de um certo Oriente*, essa errância está implícita no próprio título, pois o determinante "um certo" acompanhando o substantivo "Oriente" sugere logo a indefinição do lugar ou da cultura que o autor se propõe a relatar. E o uso da palavra "relato" ligada a Oriente também cria, no leitor ocidental, a expectativa de um relato de viagem. Justamente no início do romance, o leitor descobre que a narradora principal está voltando à cidade depois de uma longa ausência. Mas a errância é também parte integrante da construção narrativa desse romance, na qual várias vozes se sucedem e se encaixam umas nas outras, mas sempre à sombra da voz da narradora principal, que, "como um pássaro gigante e frágil"[5] plana sobre todas elas, como nas *Mil e uma noites*, em que a voz de Sherazade plana sobre as dos múltiplos narrradores.

Dessa narradora principal, cujo nome nunca é citado, sabe-se apenas que a mãe a deixara ainda bem pequena, junto com um irmão, aos cuidados de uma matriarca libanesa instalada há muitos anos na cidade de Manaus. O relato que ela nos faz tem como ponto de partida sua chegada à casa da família a fim de reencontrar essa mulher que os criara como seus próprios filhos. Mas trata-se do relato de uma viagem ao passado através da memória, uma viagem a um mundo familiar aberto "à atmosfera ambígua de um certo Oriente — espaço flutuante onde velhas tradições religiosas e culturais vieram se misturar às imagens da terra", como bem resume Davi Arriguci Jr. na apresentação do livro.[6]

Embora nascida em Manaus e filha de brasileiros, essa menina incorporaria muito da cultura oriental na qual foi educada e, da mesma forma que outros membros dessa família de imigrantes libaneses, viveria a experiência do exílio e do entre-dois. Assim, esse seu regresso a Manaus, depois de uma longa permanência no Sul do Brasil, é um regresso em busca dessa sua origem adotiva, dessa cultura oriental presente em sua memória e da qual a casa em que foi criada em Manaus é o espaço simbólico. Casa onde se vivia e respirava uma atmosfera oriental representada pelas preces ou leituras do Alcorão feitas pelo pai muçulmano, pelas conversas em árabe e pelas reuniões tipicamente libanesas que varavam a noite e, durante as quais, ouviam-se canções árabes, recitavam-se poemas orientais e repetia-se "o hábito gastronômico milenar de comer com as mãos o fígado cru do carneiro".[7]

Apesar de proibidos de participar dessas reuniões, muitas vezes os filhos, às escondidas, assistiam a tudo, e esse mundo envolto em uma aura misteriosa e sagrada despertava-lhes a curiosidade.

---

[5] Hatoum, 1997:166.
[6] Ibid., orelha.
[7] Ibid., p. 58.

Fascinado justamente pelas "linhas rabiscadas" pela mãe (a caligrafia árabe) e pela voz do pai quando fazia suas preces, Hakim — outro narrador do romance — descreve seu interesse em querer decifrar aquela "fala estranha", aquela "língua que, embora familiar, soava como a mais estrangeira das línguas estrangeiras".[8]

Essa curiosidade de Hakim pelo árabe não passa despercebida aos pais e, uma noite, a mãe Emilie se propõe a ensinar-lhe esse idioma. Esta será a chave para Hakim penetrar no mundo secreto e sagrado da família, principalmente da mãe, que guardava trancados em um armário objetos, roupas e cartas antigas. Através da leitura dessas cartas, uma correspondência que Emilie manteve durante anos com uma amiga no Líbano, Hakim vai "percorrendo zonas desconhecidas do tempo e do espaço: Trípoli, 1898; Ebrin, 1917; Beirute, 1920; Chipre, Trieste, Marselha, Recife e Manaus, 1924", na tentativa de desvendar esse passado familiar marcado pela errância. Mas as dificuldades com a caligrafia minúscula, com a escrita em árabe clássico e as várias interrupções na correspondência lhe permitem apenas "tatear zonas opacas de um monólogo".[9] E para decifrar essas passagens obscuras das cartas, que associo ao que Régine Robin (1989:67) chama de "zonas de sombra da memória", o narrador diz ter recorrido à intuição, que nada mais é que o imaginário próprio da literatura.

Além da voz de Hakim, outras vozes se intercalam à da narradora principal (a do pai e a de amigos ou agregados da família) para construir esse *Relato de um certo Oriente*, relato de uma viagem ao passado pelos "olhos da memória", passado que — diz a narradora — "era como um perseguidor invisível, uma mão transparente acenando para mim".[10] Mas a construção desse relato é sobretudo o entre-lugar criativo que lhe permitirá fazer "o luto da origem"[11] e (re)inventar-se na própria errância, como um navegante perdido nos meandros do rio,

> remando em busca de um afluente que o conduzisse ao leito maior, ou ao vislumbre de algum porto. Sentindo-me como esse remador, sempre em

---

[8] Hatoum, 1997:50.
[9] Ibid., p. 54, 56.
[10] Ibid., p. 166.
[11] Robin, 1993.

movimento, mas perdido no movimento, aguilhoado pela tenacidade de querer escapar: movimento que conduz a outras águas ainda mais confusas, correndo por rumos incertos.[12]

O processo de construção da narrativa e, por conseguinte, da identidade dessa personagem (a narradora principal) é revelado ao leitor no final do romance. Na verdade, esse relato é uma carta que escreve ao irmão para informá-lo da morte de Emilie:

Para te revelar (numa carta que seria a compilação abreviada de uma vida) que Emilie se foi para sempre, comecei a imaginar com os olhos da memória as passagens da infância, as cantigas, os convívios, a fala dos outros, a nossa gargalhada ao escutar o idioma híbrido que Emilie inventava todos os dias.[13]

Essa identidade híbrida que a personagem inventa para si ao longo de sua narrativa seria a expressão da identidade compósita do nosso país, desse "caldeirão de culturas" do qual a casa de Emilie faz-se símbolo. Ali, além do encontro das culturas do Líbano e do Amazonas, das religiões católica e muçulmana, circulam amigos de diferentes nacionalidades, como o alemão Dorner, que é uma espécie de confidente da família, os vizinhos portugueses do Minho, um casal de judeus do Marrocos, os franceses donos do restaurante La Ville de Paris e nativos da região.

Mas, se, de um lado, esse romance celebra o hibridismo cultural, de outro, põe a nu os conflitos inerentes à construção de identidades abertas e plurais, as dificuldades no convívio com as diferenças, revelando a complexidade desse processo que implica muitas idas e vindas e negociações contínuas.

Há, por exemplo, uma integração relativamente tranqüila da família libanesa no seio da sociedade de Manaus e uma boa relação com os habitantes da terra. Além de adotar duas crianças do lugar e educá-las como filhos, a matriarca Emilie se ocupa de obras filantrópicas dirigidas aos mo-

---

[12] Hatoum, 1997:165.
[13] Ibid., p. 166.

radores da Cidade Flutante, e o marido, habitualmente sisudo e de pouca fala, tem grandes amigos nativos com quem passa horas conversando e contando histórias e entre os quais se refugia quando se desentende com a família, principalmente com a mulher.

A tolerância das diferenças também se faz sentir em questões de fé: Emilie e o marido professam religiões diferentes (ele, muçulmano, e ela, católica) sem que isso seja motivo de graves desavenças entre os dois. Já antes de se casarem haviam feito um pacto para respeitar a religião do outro e deixar os filhos livres para optarem por uma das duas ou por nenhuma.[14]

Mas nem sempre a tolerância se manifesta, e as dificuldades no contato com o outro se revelam, seja esse outro de fora ou mesmo de dentro da família. Por exemplo, existe uma grande intolerância dos filhos mais novos do casal em relação à irmã que se torna mãe solteira, fato que a matriarca Emilie tenta contornar, embora sem sucesso. A própria Emilie nem sempre se mostra tolerante com os da terra. Apesar de ajudar os carentes da cidade, sendo por isso idolatrada por todos, muitas vezes se impacienta com a própria empregada Anastácia, a quem acusa de "comer como uma anta", além de explorar outras criadas da casa, que, segundo relato do filho Hakim, "não recebiam um tostão para trabalhar". Mas, por outro lado, ele também acrescenta que se tratava de um "procedimento corriqueiro aqui no norte",[15] sugerindo com isso que tal atitude de Emilie se devia à incorporação, por sua parte, de mais um costume da terra, assim como já se havia apropriado de outros tantos (comidas, ervas, crendices).

Vale lembrar que se apropriar de uma prática ou de um hábito cultural não significa imitá-los, mas, sim, apoderar-se dos mesmos, tranformando-os em algo novo. Seria o que Édouard Glissant define como experiência da "crioulização", à qual me referi no início deste capítulo.

Em seu segundo romance, intitulado *Dois irmãos*, Hatoum dá relevância aos conflitos identitários e à intolerância que explodem no interior de uma mesma família, também libanesa e radicada em Manaus. Os pontos de semelhança entre essa família e a do romance anterior são muitos, dando ao leitor a impressão de estar acompanhando versões variadas da saga dos imigrantes libaneses no Brasil.

---

[14] Hatoum, 1997:69.
[15] Ibid., p. 85.

Como no primeiro livro, o casal professa religiões diferentes (ela, cristã maronita, e ele, muçulmano) sem que essa diferença interfira no relacionamento dos dois. Também nesse caso a mulher é quem tem o poder maior sobre os filhos e sobre a vida de todos na casa, o que é um traço comum da cultura árabe. Há também a presença de uma empregada da terra, Domingas, que, ainda menina fora entregue ao casal por uma freira do orfanato de Manaus. Domingas cresceu na casa e teve um filho, Nael, o narrador principal dessa trama, que busca descobrir sua origem e inventar-se uma identidade juntando os cacos de histórias dos outros, histórias que ouviu ou que testemunhou de fora, como ele próprio afirma:

> Isso Domingas me contou. Mas muita coisa do que aconteceu eu mesmo vi, porque enxerguei de fora aquele pequeno mundo. Sim, de fora e às vezes distante. Mas fui o observador desse jogo e presenciei muitas cartadas, até o lance final.[16]

Embora suspeite e mais adiante venha a ter certeza de que seu pai é um dos filhos do casal, ele nunca seria realmente reconhecido como um ente legítimo da família. Seria sempre o filho de Domingas, vivendo no quarto dos fundos com a mãe. Apenas o avô lhe dá atenção e conversa com ele, fazendo-lhe confidências sobre sua vida. Aliás, Halim (o avô) e Domingas são as duas outras vozes narrativas que se fazem ouvir ao longo do romance, vozes às quais Nael recorre quando, decorridos mais de 20 anos da morte da mãe, decide finalmente construir esse relato, que é a memória de um passado reinventado a partir de um "jogo de lembranças e esquecimentos".[17] Nesse jogo entre lembrar-se e esquecer, pode-se dizer que o narrador faz o que Marc Augé (2001:24) chama de "trabalho de jardineiro", ou seja, um trabalho de seleção, de poda dos fragmentos das histórias que vão compor o seu relato.

A história de Nael está intimamente ligada à história dos dois irmãos, Yaqub e Omar, a qual, por sua vez, recria o mito bíblico de Caim e Abel. Ao recriar esse mito, Hatoum faz, na verdade, uma viagem à origem do ho-

---

[16] Hatoum, 2000:29.
[17] Ibid., p. 26.

mem, marcada pela intolerância diante da diferença. Como Caim, Yaqub morre de ciúmes do irmão que tem a preferência da mãe e, durante todo o romance, esta e os demais habitantes da casa vivem sob o temor de que as agressões entre eles terminem em morte. Para evitar que o pior aconteça, os pais mandam Yaqub para o Líbano, onde este passa uma longa temporada. Assim, Yaqub viveria a experiência do exílio forçado que o marcaria profundamente, acentuando ainda mais as diferenças entre ele e o irmão. Ao voltar a Manaus, Yaqub tem que fazer grande esforço de reapropriação dos hábitos culturais e da própria língua portuguesa. O sotaque árabe, por exemplo, é motivo de chacota na escola. Para superar essas diferenças e sobrepor-se ao irmão, Yaqub dedica-se inteiramente aos estudos, alcançando vitórias e provocando, por sua vez, a inveja do outro.

Marcado pelo exílio forçado no Líbano, Yaqub decide exilar-se voluntariamente, desta vez em São Paulo, para continuar os estudos, no que tem o apoio do pai. Lá, estudando e trabalhando com garra e determinação, torna-se um grande engenheiro. Com isso, conquista a admiração de toda a família, à exceção do irmão, que o inveja ainda mais. Por sua vez, Yaqub não deixou de invejar Omar, que continua a ser o preferido da mãe. Esta faz de tudo para aproximá-los, mas as desavenças e agressões entre os dois são cada vez maiores. Ela morre sem ver seu sonho realizado. Ao contrário, Yaqub continua firme no seu propósito de destruir o irmão aos poucos até transformá-lo em um trapo humano, um marginal perseguido pela polícia e abandonado por todos.

É nesse ambiente de disputa entre os irmãos que Nael é criado, vivenciando a angústia de sua mãe, que também disputa a atenção e o carinho de ambos, o que cria em Nael a dúvida sobre qual dos dois seria o seu pai, embora sua preferência recaia sobre Yaqub, que lhe dá muita atenção. Mas, no final, em conversa com a mãe, esta lhe conta que fora violada por Omar em uma das inúmeras noites em que este chegava em casa totalmente bêbado. Assim, a experiência do entre-dois vivenciada por Nael se dá de forma bem mais violenta e conflituosa do que a da narradora de *Relato de um certo Oriente*.

Também diferentemente do primeiro romance, a casa de Zana e do marido Halim, em *Dois irmãos*, não se transforma em lugar de encontro, de convívio tranqüilo nem para os membros da família, nem para os amigos e vizinhos que esporadicamente a freqüentam. As reuniões sempre acabam mal, devido às atitudes agressivas de Omar. O casal não consegue recriar em sua casa o mesmo ambiente de congraçamento das diferenças que existira anteriormente na moradia e no restaurante Biblos do pai de Zana, que, segundo relato de Halim, desde a inauguração, em 1914, fora

> um ponto de encontro de imigrantes libaneses, sírios e judeus marroquinos que moravam na praça Nossa Senhora dos Remédios e nos quarteirões que a rodeavam. Falavam português misturado com árabe, francês e espanhol, e dessa algaravia surgiam histórias que se cruzavam, vidas em trânsito, um vaivém de vozes que contavam um pouco de tudo (...). Comiam, bebiam, fumavam, e as vozes prolongavam o ritual, adiando a sesta.[18]

A casa de Zana e Halim reproduz, na verdade, uma atmosfera de decadência e de perda de identidade, que começa a tomar conta da velha cidade de Manaus com a destruição de seus bairros antigos, o fechamento de comércios tradicionais em nome de um crescimento desorganizado e provisório, incrementado pelos estrangeiros que lá chegam para abrir novos negócios e indústrias. Ao contrário dos antigos imigrantes, que vieram unir suas raízes a novas raízes, misturando-se à população nativa e transformando-se em seres híbridos, esses novos estrangeiros que aparecem no final do romance representam justamente o lado negativo da globalização econômica, que só visa ao consumismo e o dinheiro e caracteriza-se pelo imediatismo e pelo provisório, como se define, aliás, um indiano que se aproxima dos irmãos com o único intuito de comprar a casa para transformá-la em um comércio de venda de importados.

> O indiano falava pouco, mas saciou a curiosidade de Zana. Ele vivia em trânsito, construindo hotéis em vários continentes. Era como se morasse em pátrias provisórias, falasse línguas provisórias e fizesse amizades provisórias. (...) Ouvira dizer que Manaus crescia muito, com suas indústrias e seu comércio. Viu a cidade agitada, os painéis luminosos com letreiros em inglês, chinês e japonês. Percebeu que sua intuição não falhara.[19]

---

[18] Hatoum, 2000:47-48.
[19] Ibid., p. 226.

É justamente essa Manaus devastada e transformada pela chamada "reforma urbana" impetrada pelo regime militar na década de 1970 e patrocinada por empresas estrangeiras que Milton Hatoum retrata em seu terceiro romance: *Cinzas do Norte*. Como o próprio título sugere, relata-se a destruição desse Norte mítico de *Relato de um certo Oriente*, lugar de encontros de culturas onde reinava uma certa harmonia entre as diferenças. Em *Cinzas do Norte*, ao contrário, não há lugar para as diferenças, é a força do poder que traça o destino de cada um, tanto na vida pública quanto na familiar. Mas, ao mesmo tempo, *Cinzas do Norte* é o relato de uma grande revolta individual, que resume tantas outras vivenciadas naquela época por brasileiros que, não aceitando uma identidade imposta pelo regime militar, vão buscar fora do país novas possibilidades criativas.

O romance narra a história de Raimundo, ou melhor, de Mundo, filho de Trajano Mattoso, um comerciante rico, ambicioso e amigo dos militares. Evidentemente, seu desejo é que o filho siga seu exemplo, mas Mundo só se interessa pelo desenho e pelas artes. Jano (como é chamado), que considera todo artista um vagabundo, usa da força e do seu poder de pai para tentar transformá-lo, o que desencadeia a revolta do filho.

O desenho é para Mundo o espaço de expressão de sua revolta e também de criação de uma possível identidade que ele tenta buscar longe de Manaus e da casa paterna, no Rio e, mais tarde, durante o exílio voluntário em Berlim e Londres. Aliás, o apelido desse personagem metaforiza esse seu desejo de partir em busca de novos horizontes e é, dessa forma, que é apresentado pelo narrador:

> Antes de conviver com Mundo no ginásio Pedro II, eu o vi uma vez no centro da praça São Sebastião (...). Ao lado de uma moça, ele mirava a nau de bronze do continente Europa: olhava o barco do monumento e desenhava (...). Parei para ver o desenho: um barquinho torto e esquisito no meio de um mar escuro que podia ser o rio Negro ou o Amazonas. Além do mar, uma faixa branca. Dobrou o papel com um gesto insolente (...); de repente se levantou e estendeu a mão, me oferecendo o papel dobrado. (...)
> Foi o primeiro desenho que ganhei dele: um barco adernado, rumando para um espaço vazio.[20]

---

[20] Hatoum, 2005:12.

Essa é a primeira imagem que temos de Mundo: um menino que deseja partir rumo ao desconhecido, ao novo, aqui representado por essa faixa branca. E seria através do desenho, fazendo a travessia entre o aqui e o lá, entre Manaus e o mundo, que ele tentaria preencher esse espaço vazio. O desenho seria, portanto, o seu "terceiro espaço", o entre-lugar que lhe permitiria traduzir e recriar suas aporias identitárias.

A história de Mundo é narrada por Lavo, amigo de infância que sempre acompanhou à distância seus passos "na vida à deriva a que se lançou sem medo".[21] Como nos dois outros romances de Milton Hatoum, o narrador de *Cinzas do Norte* também recorre à memória para construir seu relato 20 anos após a morte de Mundo. E para dar conta da complexidade dos embates identitários vivenciados pelo amigo, Lavo junta à sua duas outras vozes narrativas: a de seu tio Ran e a do próprio Mundo.

A voz do tio se faz ouvir de forma paralela à narrativa de Lavo. Trata-se de uma carta na qual Ran conta para Mundo sua história de amor com a mãe dele, uma história que começara bem antes do casamento com Jano. Os trechos dessa carta, que vêm intercalados entre os capítulos do romance, preenchem algumas lacunas do relato de Lavo sobre a origem de Mundo e, ao mesmo tempo, levantam dúvidas sobre sua paternidade.

Quanto à voz de Mundo, o narrador a insere, inicialmente de forma esporádica, em seu relato através da leitura de algumas cartas e cartões-postais que o amigo lhe enviara durante o exílio na Europa. Mas, no final, Lavo se cala para que a voz de Mundo ecoe enfim absoluta, encerrando o relato: "Como epílogo, acrescentei a carta que Mundo me escreveu, antes do fim".[22] Nessa carta, Mundo desvela o segredo de sua origem que lhe fora revelado uns dias antes pela mãe: ao contrário do que imaginava, seu verdadeiro pai não era Ran, nem tampouco Jano, e, sim, Arana, um pretenso artista da terra que muito admirara e acreditara ser seu amigo até descobrir que se tratava de um oportunista.

Com esse desfecho imprevisível, a história de Mundo sugere que a construção de identidades é um processo contínuo, que implica muitos trânsitos pela origem, um incessante recomeçar. São essas experiências de

---

[21] Hatoum, 2005:10.
[22] Ibid., p. 303.

travessia do entre-dois que, na perspectiva de Daniel Sibony (1991:20), tornam possível a "origem múltipla", ou seja, uma identidade em pedaços, mas ao mesmo tempo consistente, feita de lacunas e repetições, de idas e vindas.

    É justamente uma possível identidade em pedaços que Mundo tenta reconstruir em seus desenhos, esse "terceiro espaço" de criação que lhe permite fazer a travessia entre o presente e o passado, entre a Europa e Manaus, recolhendo e colando os pedaços do quebra-cabeças de sua história. *História de uma decomposição — memórias de um filho querido* é o título que dá a uma série de sete quadros que compõe em Londres, nos quais, misturando desenho, pintura e colagem, vai "decompondo o retrato da família até chegar à roupa e aos dejetos de Jano".[23] Em sua última carta, diz ter dedicado semanas e semanas à confecção desse trabalho e que, ao terminá-lo, sentira-se livre de um peso. Pode-se dizer que com essa série, que é uma viagem à origem através da memória, Mundo tenta fazer o que Régine Robin chama de "luto da origem".

    É portanto em Londres, longe da terra natal, depois de ter ido ao encontro do novo, que Mundo consegue recriar-se no espaço de sua arte. Tendo feito essa passagem simbólica do entre-dois através da memória, Mundo começa a se preparar para fazer concretamente uma viagem a sua origem, voltando a Manaus, não para ficar, mas para revisitá-la e poder novamente partir, liberado do peso desse passado, pronto finalmente para estabelecer laços mais fortes com novas raízes, incorporando-as à construção de uma identidade em contínua formação. Mas Mundo não tem mais tempo para recomeços. Em Londres, na solidão do exílio, a doença começa a consumi-lo. A mãe vai buscá-lo, mas pouco tempo depois ele morre no Rio, sem nunca mais ter voltado a Manaus, o que para Lavo foi melhor porque, assim, não viu a destruição da cidade,

> a "reforma urbana" do coronel Zanda, as praças do centro (...) serem rasgadas por avenidas e terem todos os seus monumentos saqueados. Não viu sua casa ser demolida, nem o hotel gigantesco erguido no mesmo lugar.[24]

---

[23] Hatoum, 2005:307.
[24] Ibid., p. 258-259.

O relato de Lavo mostra que a destruição da cidade vem acompanhada pela exploração das riquezas da terra por estrangeiros e brasileiros oportunistas. Este é o caso de Arana. Inicialmente, começa a explorar os turistas, vendendo-lhes o que chama de uma "arte amazônica autêntica e pura". E quando percebe que o mogno era valioso no Brasil e no mundo, "juntou a matéria de sua arte a um empreendimento suspeitoso: passou a exportar objetos e móveis feitos de madeira nobre".[25]

A descaracterização da cidade de Manaus e o oportunismo de Arana anunciam, no plano da ficção, as transformações que se vão desencadear a partir de então, no Brasil e no mundo, com a aceleração da globalização econômica e cultural.

***

Ao fazer de sua narrativa um espaço de travessias entre diferentes culturas e línguas, apontando para novas possibilidades de construção de identidades móveis, abertas e inacabadas, Milton Hatoum insere-se facilmente na categoria dos escritores migrantes, ou ainda daqueles que o escritor indo-britânico Salman Rushdie (1993:28) chama de "homens traduzidos", não só por conta de sua origem libanesa, mas principalmente porque seu texto põe em cena personagens que vivenciam a experiência da errância, da desterritorialização, do entre-dois, e necessitam aprender a traduzir e a negociar entre as linguagens culturais que os cercam e habitam. Seus personagens representam esses seres "fora do lugar", como diria Edward Saïd, que buscam além das fronteiras um "terceiro espaço" de criação ou invenção de novas identidades, identidades marcadas pela imprevisibilidade ou pela "crioulização", segundo Glissant.

O texto de Hatoum dá conta, sobretudo, da complexidade desse processo, porque, no espaço de sua narrativa, as dificuldades, as aporias identitárias experimentadas pelos personagens são despertadas e vêm à tona com toda força, tornando-se produtivas. Nesse sentido, seria possível afirmar — adotando a perspectiva de Paul Ricoeur (1985:184) — que a narrativa de Hatoum apresenta "soluções poéticas" para a problemática identitária dos seres migrantes através dos efeitos positivos da ficção, que

---
[25] Hatoum, 2005:259.

são "efeitos de revelação e transformação da vida e dos costumes" realizados por meio da leitura.

Assim, a partir da leitura, efetuando a mediação entre o mundo fictício dos romances de Milton Hatoum e seu mundo efetivo, o leitor é capaz de identificar, nos conflitos identitários vivenciados pelos personagens, aspectos da sua realidade, ou melhor, da realidade do homem contemporâneo. Afinal, nesse mundo globalizado e sem fronteiras de hoje, nesses tempos de migrações, transformações, interconecções e contradições vivenciadas tanto no espaço-tempo real quanto no virtual, sentimo-nos todos migrantes ou "fora do lugar" e, por conta disso, nos vemos obrigados a renascer de nós mesmos e a nos reinventar continuamente novas identidades.

Referências bibliográficas

AUGÉ, Marc. *Les formes de l'oubli*. Paris: Rivages Poche, 2001.

BHABHA, Homi K. *O local da cultura*. Trad. Myriam Ávila, Eliana Lourenço de Lima Reis e Gláucia Renata Gonçalves. Belo Horizonte: UFMG, 1998.

GLISSANT, Édouard. *Introduction à une poétique du divers*. Paris: Gallimard, 1996.

HALL, Stuart. *A identidade cultural na pós-modernidade*. 5. ed. Rio de Janeiro: DP&A, 2001.

HATOUM, Milton. *Relato de um certo Oriente*. São Paulo: Companhia das Letras, 1997.

———. *Dois irmãos*. São Paulo: Companhia das Letras, 2000.

———. *Cinzas do Norte*. São Paulo: Companhia das Letras, 2005.

MEMMI, Albert. *Portrait du décolonisé arabo-musulman et de quelques autres*. Paris: Gallimard, 2004.

PORTO, Maria Bernadette; TORRES, Sonia. Literaturas migrantes. In: FIGUEIREDO, Eurídice (Org.). *Conceitos de literatura e cultura*. Juiz de Fora: UFJF; Niterói: Eduff, 2005.

RICOEUR, Paul. *Temps et récit 3: le temps raconté*. Paris: Seuil, 1985.

ROBIN, Régine. *Le roman mémoriel: de l'histoire à l'écriture du hors-lieu.* Montréal: Préambule, 1989.

———. *Le deuil de l'origine. Une langue en trop, la langue en moins.* Paris: Presses Universitaires de Vincennes, 1993.

RUSHDIE, Salman. *Les patries imaginaires.* Paris: Éd. 10/18, 1993.

SAÏD, Edward W. *Fora do lugar; memórias.* São Paulo: Companhia das Letras, 2004.

SIBONY, Daniel. *Entre-deux: l'origine en partage.* Paris: Seuil, 1991.

VELLOSO, Monica. *Que cara tem o Brasil? As maneiras de pensar e sentir o nosso país.* Rio de Janeiro: Ediouro, 2000.

4

MIGRAÇÕES E NOMADISMO NO DISCURSO LITERÁRIO DAS AMÉRICAS – DUAS EXPRESSÕES: O NEOQUEBEQUENSE SÉRGIO KOKIS E O MEXICANO CARLOS FUENTES*

*Maria Fernanda Arentsen***

Pensar os deslocamentos

O deslocamento, uma das características da globalização, é uma situação na qual as certezas se desfazem e conceitos como os de tempo e espaço passam a ser questionados. Conseqüentemente, pode-se afirmar que "a única certeza é que não existem mais certezas".[1] Isso implica, inevitavelmente, outro sentido para "estar no seu espaço" e "estar no mundo", e conceber um hábitat móvel, uma maneira de habitar o tempo e o espaço não como se fossem estruturas fixas e fechadas, mas como produtores de questionamentos sobre nossa idéia de identidade e do que nos pertence.[2] Sentimos, assim, a necessidade de consolidar o que é nosso nos encontros, nos diálogos e nos desacordos com outras histórias e outros lugares. Desse modo, as práticas culturais se abrem à *terceira cultura*. Nessa cultura emergente, os conceitos estáticos abrem espaço a um espectro de nuanças, questionamentos e contradições que não precisam mais ser resolvidos.

Nas Américas da era da globalização, o deslocamento de milhares de imigrantes clandestinos em direção ao Norte é um tema de importân-

---

* Tradução de Heliane Kohler.
** Da Universidade de Ottawa, Canadá.
[1] Ver De Toro, 2002:111-136.
[2] "An impossible homecoming" (Chambers, 1994:1-7).

cia capital. Iain Chambers inicia seu livro *Migrancy, culture and identity* com uma imagem perturbadora: no sul da Califórnia, perto de Tijuana, as placas nas rodovias, que normalmente indicam a presença de animais selvagens, assinalam a presença de pessoas a pé. Trata-se de imigrantes clandestinos, desesperados, que, para fugir da miséria, correm pelas estradas para escapar do passado, apegados à promessa do Norte. Essas cenas "de esperança desesperada", midiatizada pela imprensa, nos obrigam a reconsiderar inúmeros conceitos referentes à migração e ao exílio. Essa problemática torna-se central nas representações culturais.

É interessante analisar como os discursos de escritores das Américas encenam os valores da nova cultura nômade. De que maneira eles representam os conceitos de diferença, moradia, pertencimento, exílio como abertura a novas possibilidades e, sobretudo, como mostram a impossibilidade de retorno ao ponto de partida? Entre tantos intelectuais, artistas e escritores, nas Américas, que se ocupam desse objeto, Carlos Fuentes é uma das figuras emblemáticas, em razão do grande impacto de sua obra.[3] Fuentes explora as temáticas do deslocamento e da fronteira. Na perspectiva proposta por Iain Chambers, apresentarei uma leitura de seu romance/ontologia *La frontera de cristal*, confrontando-o com a obra do escritor *migrante*[4] de Quebec, Sérgio Kokis.[5]

---

[3] Para uma melhor compreensão da temática da migração e do hibridismo cultural na obra de Carlos Fuentes, ver De Toro, s.d.

[4] Utilizo com cautela expressões como "neoquebequense" ou "escritor migrante", pois, como assinala Simon Harel, assim como outros intelectuais do Quebec, essas expressões devem ser questionadas. Harel (2003:80), por exemplo, critica a locução "escritor migrante": "A distinção entre escritores migrantes e escritores de origem é na verdade ridícula". Essa afirmativa constitui uma prova de um longo caminho percorrido. Hoje, pode-se abandonar tais distinções. "Escrita migrante" foi a expressão utilizada durante anos, já que havia uma necessidade de definição e de diferenciação. Atualmente, certos problemas estão sendo redefinidos ou repensados. No devir, próprio a toda cultura, haverá uma mutação da qual participarão *todos* os quebequenses. Para explicar a escrita migrante, ele afirma que ela "tem por função fazer ouvir as vozes plurais do mundo, mas sem esquecer a necessidade de um discurso compartilhado".

[5] Romancista e pintor de origem brasileira, Sérgio Kokis deixou o país nos anos 1960, por motivos políticos. Em 1969, ele obteve um mestrado em psicologia pela Universidade de Strasbourg e imigrou em seguida para o Canadá. Após ensinar no Departamento de Psicologia da Universidade de Quebec, Kokis se formou em artes, passando a se dedicar exclusivamente, nos anos 1990, à pintura e à escrita.

Em Quebec, assiste-se a uma eclosão de obras literárias de escritores ditos migrantes. Esse fenômeno deve-se em parte à importância da "voz" do Outro na cultura canadense: voz das "etnias", mas também vozes das outras "minorias", como a das mulheres ou a das pessoas portadoras de orientações sexuais diferentes. Num Quebec pós-colonial, o discurso identitário homogêneo se fissura, concedendo espaço à diversidade. Homi Bhabha explica que os discursos das minorias propõem um objeto social constituído pela hibridação cultural e pela articulação das divergências.[6] É nesse sentido que falarei aqui de um Quebec e de um Canadá pós-coloniais.

Os personagens dos escritores migrantes são freqüentemente nômades. Em nenhum lugar se sentem em casa, mas, ao mesmo tempo, suas casas se constroem no movimento. O devir constitui suas únicas possibilidades de residência. Assim, os personagens de Sérgio Kokis, de Marilu Mallet e de Régine Robin (para citar apenas dois ou três nomes de escritores ditos "migrantes" no Quebec) vivem num perpétuo e doloroso deslocamento. Suas travessias são marcadas pela busca de um lugar inacessível, que não se situa nem para além das fronteiras, nem num espaço originário, mas em algum lugar dentro deles mesmos.

Em Carlos Fuentes, ao contrário, os personagens buscam um espaço físico perdido. Eles cruzam a fronteira para assegurar sua sobrevivência, assim como a de suas famílias, levando seu passado e seu território. Portanto, estão sempre em busca de uma morada que não se encontra dentro deles, mas que se situa num espaço que lhes foi arrancado. Cada travessia e a própria fronteira são representadas pela dor de uma ferida aberta e sangrenta. Uma história de perdas acompanha cada deslocamento. Na obra de Fuentes, a fronteira torna-se, assim, o espaço de uma exclusão.

Nessa era da globalização, cruzar a fronteira anuncia, todavia, a possibilidade de pensar as culturas numa perspectiva não-excludente. O desafio de domesticar a realidade do deslocamento é uma experiência extremamente complexa, pois trata-se de transformações culturais muito profundas, vividas nos níveis individual e coletivo. De fato, o exilado é transformado pelo deslocamento e, ao mesmo tempo, é fator de transformação das culturas modernas. Como explica Edward Saïd (1990), "o

---

[6] Ver Bhabha, 1996:1-17.

exilado atravessa as fronteiras e rompe as barreiras do pensamento e da experiência". É essa fratura das barreiras físicas e mentais que engendra, nos dias atuais, a possibilidade de encarar a construção de uma cultura não-excludente.

Travessias e fechamentos em Fuentes

Em *La frontera de cristal*, numerosos personagens, em busca de uma vida melhor, se deslocam em direção ao Norte. É o espaço fechado do país, o México, que é perigoso para eles. Uma sociedade de classes sociais com mobilidade restrita, crises econômicas, corrupção dos políticos e dos homens de negócio, tudo os condenam à exclusão econômica, cuja única saída é o exílio. Falando da fronteira que separa o México dos Estados Unidos, nessa obra de Fuentes, um jovem mexicano exclama: "O México é o lado do inimigo. Do lado mexicano há mais injustiça, mais corrupção, mais mentira, mais pobreza".[7]

Apesar do zelo com que o narrador critica a corrupção e a ambição desmesurada das elites mexicanas, condenando milhares de compatriotas ao exílio econômico, à separação das famílias, à dispersão, não existe, em *La frontera de cristal*, qualquer tentativa de constituir um *terceiro espaço*. Pelo contrário, percebe-se que seu discurso permanece preso no jogo binário do nós/eles. O narrador representa a idéia da autenticidade cultural, de uma forma de identidade ligada aos mitos nacionalistas.[8] Esse discurso das

---

[7] Fuentes, 1995:117.

[8] O discurso de Fuentes se inscreve numa tradição mexicana pintada pelos grandes muralistas do século XX, como Diego Rivera, nos afrescos do Palácio Nacional, e que representam a vida cotidiana dos astecas antes da Conquista. Essa representação do paraíso pré-colonial esconde o sofrimento dos povos submetidos ao Império asteca, assim como nas narrativas de Fuentes, a exaltação do mexicano, construída sobre a execração do "gringo", esconde sempre o desespero ao qual está condenada a maioria dos mexicanos. Em seu trabalho "La espiral del poder: Diego Rivera y la representación del pasado indígena en el Palacio Nacional", Itzel Rodriguez Mortellaro explica o papel de Rivera na construção da identidade nacional. Com seu discurso estético, Rivera participou, ao mesmo tempo que a elite econômica e intelectual, do poder após a Revolução, da invenção da "nação mexicana" e de seu passado indígena. Segundo Rodriguez Mortellaro, Rivera, "artista revolucionário", trabalhou nesse contexto servindo seus próprios interesses: obter o monopólio da definição da arte nacional, ou seja, tornar-se uma autoridade cultural. Com sua representação da história do México — a criação do imaginário

raízes e da tradição reproduz a mesma estrutura opressiva e hegemônica contestada algures. Parafraseando Chambers (1994:73), pode-se afirmar que esse discurso reforça a oposição binária entre uma "realidade mexicana" e uma "realidade dos brancos".

Em Fuentes, o *nós mexicanos* é certamente complexo, mas a descrição da alteridade — os "gringos" — permanece monolítica e estereotipada. O narrador desvenda com perspicácia os estereótipos referentes aos mexicanos, embora seja incapaz de se situar para além da visão estereotipada dos norte-americanos, representados como grosseiros, ignorantes e, até mesmo, más pessoas. É, por exemplo, o caso do conto "El despojo", no qual um refinado chefe de cozinha mexicano decide abandonar os Estados Unidos por não mais suportar a mediocridade da *cultura dos gringos*. Os jovens norte-americanos são descritos como "uma tropa incompreensível de jovens com chicletes na boca e casquetes de beisebol na cabeça", cuja ignorância é o resultado de uma cultura de caubóis *à la* Wayne, de idiotas, para quem "a melhor maneira de passar pelo mundo é passar despercebidos". "De sabedoria estúpida, natural, eles se libertam pela própria imbecilidade, sem pretensões ou complicações", para eles "saber significa não saber" etc.

No discurso de Fuentes, o Outro, enquanto sujeito estereotipado, inclui também as mulheres. As personagens femininas, como a bela, frívola e aristocrática Micheline Laborde, mulher de Barroso, e suas amigas ricas, e mesmo as operárias das "maquiadoras" são desprovidas de profundidade e de interesse. No conto "Las amigas", por exemplo, uma jovem mexicana trabalha como doméstica para uma velha inconstante e maldosa, *miss* Amy Duncan, que faz tudo o que pode para tornar a vida da pobre Josefina algo miserável e infeliz. A mexicana suporta todas as humilhações, às quais a submete a malvada "gringa", para conseguir pagar os cursos de direito de seu marido, que se encontra na prisão. Josefina encarna tudo o que o discurso patriarcal exige da mulher latino-americana: ela tem que ser obediente, submissa, silenciosa, paciente além da lógica, trabalhadora, honesta..., em suma, santa.

---

nacional —, ele serviu tanto aos interesses de seus mecenas quanto a seus próprios interesses. Ver Rodriguez Mortellaro, 2004:159-191.

A atribuição identitária do Outro, feita com o auxílio de estereótipos, obedece à exigência da construção da própria identidade. A identidade resulta da narratividade do indivíduo[9] e se constrói através da diferença. A identificação se faz mediante a relação com aquilo que não se é. Nesse sentido, as identidades são construídas em função de sua capacidade de exclusão. A unidade — a homogeneidade interna limitada pela identidade — é uma forma construída de fechamento. Ela se baseia na exclusão e estabelece uma hierarquia violenta entre pólos, como homem/mulher, branco/negro etc. Nesse sentido, a identidade mexicana recriada por Fuentes é a identidade do homem honesto, solidário, engajado numa luta por justiça, desgostoso com a frivolidade norte-americana, e que compartilha o sofrimento de seu povo.[10]

Esse discurso essencialista representa o ser mexicano como um indivíduo pertencente a um povo e que compartilha com muitos outros indivíduos os mesmos sentimentos, uma mesma história e ascendência. A perda do território mexicano para os Estados Unidos, vivida ainda hoje como uma ferida não cicatrizada, faz parte do destino de ser mexicano. É a partir dessa posição que o Outro, "gringo", é julgado e definido, o que constitui uma maneira de erguer fronteiras para se proteger e, a partir dessa fortaleza, conseguir narrar o fato de ser diferente, ou seja, melhor. O conto *La frontera de cristal* narra a história de um jovem, Lisandro, que passa seus fins de semana em Nova York trabalhando como limpador de janelas de arranha-céus. No primeiro dia de trabalho, ele distingue, atrás do vidro que está limpando, uma jovem em seu escritório. Através do cristal, eles se apaixonam, em uma perfeita e silenciosa comunicação. Quando Audrey pede a Lisandro para escrever seu nome no vidro ele responde "mexicano". Na sua impossibilidade de se denominar como indivíduo, a identidade mexicana encarna a fronteira de cristal, mais sólida e eficaz que os muros e os arames farpados que protegem os territórios fronteiriços.

As unidades que as identidades proclamam se constroem a partir de um jogo de poder e exclusão, e constituem o resultado de um pro-

---

[9] A esse propósito, ver Hall, 1998:222-237.
[10] Essa construção da mexicanidade funciona em toda parte na América Latina. A esse propósito, a obra de Marcos Aguinis é reveladora. Ver, por exemplo, seu ensaio *Un país de novela, viaje hacia la mentalidad de los argentinos* (1988).

cesso de fechamento. As identidades funcionam pela exclusão, pela construção discursiva de um exterior, e pela produção da abjeção dos sujeitos marginalizados. Fuentes denuncia claramente essa construção identitária norte-americana, segundo a qual o bom cidadão desse país, consciencioso e honesto, é uma imagem construída através da abjeção dos Outros, os negros, os índios, os mexicanos. Mas, no elogio que faz do ser mexicano, em oposição ao discurso racista norte-americano, Fuentes cai na armadilha do essencialismo nacionalista. Seus personagens vivem na nostalgia do país perdido, do paraíso perdido, no mito da origem e do pertencimento perdido. Em vez de se abrir em direção ao Outro, de ir em direção a ele/ela, Lisandro se fecha em sua prisão identitária, negando a possibilidade do diálogo e do encontro. Como afirma Edward Saïd (1990:357), "as fronteiras e as barreiras que nos fecham na segurança do território familiar podem igualmente se tornar prisões, e são muitas vezes defendidas para além da razão ou da necessidade".

Mobilidade, transformação e "terceiro espaço" em Kokis

Na era da globalização e do deslocamento, as identidades não são mais monolíticas, mas se apresentam cada vez mais reduzidas em fragmentos, múltiplas, construídas através do diferente, nas contradições dos discursos, das práticas e das posições.[11] Os personagens de Kokis, por exemplo, em vez de se refugiarem numa identidade que lhes dê segurança, como as de Fuentes, recusam as barreiras identitárias da origem por saberem que o vício, a mesquinharia, a pequenez existem por toda parte. Eles se recusam a cair no binarismo excludente e na repetição que conduz aos genocídios. Essa escolha os expõe a uma eterna solidão, a solidão do "entre-dois". Eles vagam pela vida "entre duas margens", "em uma posição extremamente solitária". Como diz Kokis, "o ser daquele que se desloca está no caminho, entre dois lugares, e se vê como um deslocado". A não-pertença, essa "bastardia" escolhida, é o preço que seus personagens pagam, de bom grado, para "olhar em direção de futuros abertos".[12]

---

[11] Hall, 1998:222.
[12] Kokis, 1999:133.

Na obra de Sérgio Kokis, os personagens concebem a construção identitária como um artifício, e é assim que a representam. É o caso, por exemplo, do pintor de *Le pavillon des miroirs* (*A casa dos espelhos*), que reside em Montreal há 20 anos.

> Assim, durante todo esse tempo, eu tomei posição em relação às pessoas daqui, dizendo para mim mesmo ser o Outro e me considerando melhor. Mas quando a garrafa se esvazia, como essa noite, devo confessar a mim mesmo que, mais uma vez, eu me iludi. As pessoas daqui nada têm a ver com o meu mal-estar. Elas nunca me fizeram nada, pelo contrário. Simplesmente o país delas é também pleno de pessoas sombrias, como em toda parte; e isso me lembra bastante do que eu procuro fugir.[13]

Muitas vezes, os personagens dos escritores migrantes de Quebec exibem as fissuras deixadas pela travessia. Nesses personagens, as dificuldades encontradas no caminho abriram uma brecha. Eles sabem que a lembrança da perda da origem se inscreve constantemente no devir incerto da viagem.[14] Neles, a crença no poder da origem é dispersa pelo movimento perpétuo da transmutação e da transformação. Os personagens de Fuentes, ao contrário, permanecem estáticos. Deslocam-se num espaço geográfico, mas permanecem prisioneiros de suas raízes.

A migração implica um movimento no qual não existem certezas e as identidades evoluem constantemente. A promessa da volta, que completa a história, que abranda o retorno, torna-se impossível. Esse traço é característico da literatura do deslocamento, como já vimos em Kokis. A construção de um novo espaço, de um "nós" capaz de englobar as diferenças, representa a anulação dos essencialismos fundados nos mitos nacionalistas, produtores de exclusões, guerras e genocídios. É o espaço no qual as diferentes vozes podem se exprimir. Para os escritores em deslocamento, Quebec e o Canadá oferecem essa possibilidade de expressão. Como afirma Marilu Mallet (1991:227), "esse país me oferece as possibilidades culturais de me exprimir e de fazer o que desejo".

---

[13] Kokis, 1996:306.
[14] A esse propósito, ver Chambers, 1994.

Os escritores migrantes de Quebec fizeram enormes esforços para edificar esse terceiro espaço, enquanto o essencialismo da obra de Fuentes se situa ainda longe. Refletindo sobre o exílio nos anos 1970, Julio Cortázar afirma: "é preciso romper com o repertório habitual da terminologia do exílio e proceder ao retorno sobre nós mesmos, no qual cada um se vê de novo, se vê novo". E acrescenta: "o primeiro dever do intelectual exilado deveria ser de se desnudar em frente do doloroso espelho que é a solidão num hotel no estrangeiro e lá, sem o álibi fácil do localismo e da falta de termos de comparação, tentar se ver tal como ele é". A esse propósito, na obra de Kokis, um personagem declara: "as partidas nada têm a ver com o espaço. O sentido delas é mais vertical que horizontal, e a verdadeira descida é em direção de si mesmo, no silêncio".[15]

À guisa de conclusão

Fuentes recria em seus personagens a nostalgia de uma morada (de um lar), de um paraíso perdido que nunca existiu realmente, mas para onde era preciso retornar para ser feliz. Trata-se de uma tendência perigosa, que supõe uma ideologia essencialista que conduz a exclusões. Em vez de viverem o mergulho interior, na solidão, seus personagens se refugiam no mito da origem perdida e da autenticidade produtora de exclusão. Como explica Iain Chambers (1994), na era das fragmentações identitárias, estamos cada vez mais submetidos aos encadeamentos complexos da interação cultural, que abala a noção de autenticidade. Voltar atrás, ou seja, às raízes, em busca de uma autenticidade deslocada e dispersa, parece hoje pouco realizável. Retornar à singularidade de uma cultura é impossível, pois, para obtê-la, teríamos que negar sua natureza fundamental, isto é, seu dinamismo histórico. Para Artur Islas, escritor "chicano":

> Agora que a velha casa da crítica, da historiografia e da certeza intelectual está em ruínas, nós nos encontramos todos na estrada. Confrontados com uma perda das raízes, e com o subseqüente enfraquecimento da gramática da autenticidade, nós entramos numa paisagem mais vasta. Nossa idéia de

---
[15] Kokis, 1996:306.

pertença, nossa língua e os mitos que trazemos permanecem no interior, mas, não mais como origens ou signos da autenticidade capazes de garantir o sentido de nossas vidas. Agora, elas se atrasam, como rastros, vozes, memórias e murmúrios que estão marcados no interior por outras histórias, episódios, encontros.[16]

Diferentemente do discurso de Carlos Fuentes, enraizado na projeção da nação, a obra de Sérgio Kokis apresenta a desconstrução dos mitos do paraíso perdido e/ou a ser conquistado — e do refúgio nas identidades construídas por exclusões. Em *Kaléidoscope brisé* (*Caleidoscópio quebrado*), a caricatura do nacionalismo retrata o funcionamento da construção da pátria como terra prometida. Os artistas do circo, que se apresentam no Paraguai, são testemunhas das atrocidades cometidas por um ditador que, para se manter no poder, explora sem escrúpulos toda espécie de signos e símbolos. Aproveitando a presença de um aerólito, caído em solo paraguaio, o ditador anuncia que sua nação é superior às demais. Na cerimônia que organiza, todos os ícones são manipulados para exaltar o fervor patriótico — a parada militar, o auxílio da Igreja (a virgem também é local), o público... — e, assim, fazer esquecer as injustiças da ditadura:

> A consagração do aerólito à Virgem de Kaacupé na catedral metropolitana mereceu uma festa grandiosa. Desde a véspera, milhares de peregrinos haviam se concentrado nas vizinhanças da igreja, em terrenos vagos que beiravam o rio. Muitos índios, com pés descalços e esfarrapados, silenciosos [...]. Eles acampavam num grande perímetro, rodeados de soldados armados que não hesitavam em utilizar suas matracas ou a coronha de suas espingardas para empurrar a multidão e dar espaço àqueles que lá chegavam. [...] Essas pobres criaturas sabiam perfeitamente bem que jamais seriam admitidas dentro da catedral num dia de festa [...]. Mas eles veriam, com seus próprios olhos, a famosa estrela cadente, com núcleo de ouro e de fogo, vinda dos céus para anunciar a vitória do general Morinigo e a chegada da paz. [Os] desmancha-prazeres eram bem menos numerosos que os

---

[16] Apud Chambers, 1994:18-19. Ver Mariani, 1991.

verdadeiros crentes e os verdadeiros patriotas. Afinal de contas, por que o bispo em pessoa viria benzer o aerólito e consagrá-lo à Virgem de Kaacupé se o corpo celeste não fosse um signo cristão e bem-aventurado? E ele era também único, sem dúvida repleto de uma energia vinda de Deus [...].[17]

Vários elementos devem ser assinalados nessa caricatura de nacionalismo: a participação de diversos setores da sociedade, a indiferença em relação à violência, a exaltação do patriotismo como virtude, a manipulação dos símbolos pelo ditador, mas, sobretudo, cabe ressaltar o aspecto religioso do episódio: as pessoas querendo acreditar que a estrela cadente anunciava a chegada da paz. Por essa razão, o governo do general Morinigo permitiria levar à sociedade a esperança de uma renovação.

Esse tipo de mecanismo identitário baseia-se num sistema de pensamento binário que tende à exclusão e, por conseguinte, à violência. Em compensação, a estética proposta pelos escritores ditos migrantes em Quebec se constrói a partir da experiência da travessia, ou seja, de uma vivência para além dos lugares de origem, e sua inserção numa cultura contaminada, fragmentada, num *terceiro espaço*. Essa estética recusa os essencialismos, como mostra Dany Laferrière (1993), que se revolta contra a "cretinice de ter sempre que escrever sobre sua terra de origem", e que grita: "EU NÃO SOU MAIS UM ESCRITOR NEGRO".

Na era da mundialização e do deslocamento, as identidades não são mais monolíticas, uma vez que estão cada vez mais reduzidas a fragmentos — múltiplos, construídos através do diferente — nas contradições dos discursos, das práticas e das posições.[18] Vale lembrar que os personagens de Sérgio Kokis recusam as barreiras identitárias da origem e a armadilha do binarismo excludente e da repetição que conduz aos genocídios. Tal escolha, como disse, os expõe a uma eterna solidão, à solidão do entre-dois.

A complexidade da obra de Fuentes encerra também a impossibilidade do retorno — fato que não se pode deixar de mencionar. Imbuído do essencialismo, o herói do conto "El despojo" encontra-se também na estrada, na fratura, e descobre a impossibilidade do retorno. Quando de-

---

[17] Kokis, 2001:106-107.
[18] A esse propósito, ver Hall, 1998.

cide abandonar os Estados Unidos, não suportando um minuto mais a pobre cultura ianque, ele se despoja de tudo o que havia comprado ao longo dos anos, do carro, e até mesmo de suas roupas. Ele quer se tornar autêntico, entrar nu, sem contaminação, em seu México. Mas os agentes mexicanos da fronteira não o deixam passar. Ele está nu, ele parece um louco. Os guardas nem permitem que saia dos Estados Unidos, nem que entre no México. Ele caminha de Tijuana a Mexicali, de Mexicali a Nogales Sonora. Ele suplica em nome de Deus que deve voltar a seu país para contar a verdadeira história da fronteira de cristal, mas a fronteira o exclui, o condena a vagar. Assim, o retorno se revela impossível.

Referências bibliográficas

AGUINIS, Marcos. *Un país de novela, viaje hacia la mentalidad de los argentinos.* Buenos Aires: Planeta, 1988.

BHABHA, Homi. Of mimicry and man: the ambivalence of colonial discourse. *October*, v. 28, n. 00, p. 125-133, Spring 1984.

———. Culture's in-between. In: HALL, Stuart; GAY, Paul du. *Questions of cultural identity.* London: Sage, 1996. p. 1-17.

———. The third space. Interview with Homi Bhabha, by Jonathan Rutherford. In: RUTHERFORD, Jonathan (Ed.). *Identity, community, culture, difference.* London: Lawrence & Wishart, 1998. p. 207-221.

CHAMBERS, Iain. *Migrancy, culture, identity.* London: Routledge, 1994.

DE TORO, Alfonso. Hacia una cultura de la hibridez como sistema científico transrelacional, transversal y transmedial. In: *Ibero-Amerikanisches-Forschungsseminar.* Universitat Leipzig, s.d. Disponível em: <http://www.uni-leipzig.de/~detoro/sonstiges/Cultura_hibridez.pdf>.

DE TORO, Fernando. La cultura del desplazamiento y el desplazamiento de la cultura. In: *Intersecciones II.* Buenos Aires: Galerna, 2002. p. 111-136.

FUENTES, Carlos. *La frontera de cristal.* México: Alfaguara, 1995.

HALL, Stuart. Who needs "identity"? In: HALL, Stuart; GAY, Paul du. *Questions of cultural identity.* London: Sage, 1996. p. 1-17.

———. Cultural identity and diaspora. In: RUTHERFORD, Jonathan (Ed.). *Identity, community, culture, difference*. London> Lawrence & Wishart, 1998. p. 222-237.

———; GAY, Paul du. *Questions of cultural identity*. London: Sage, 1996.

HAREL, Simon. Les mal logés de l'écriture migrante. In: *Essays on Canadian writing*. Fall 2003.

KOKIS, Sérgio. Cohérence et autoportrait. *Lettres Québécoises*, v. 80, p. 7-9, Winter 1995.

———. *Le pavillon des miroirs*. Montréal: XYZ, 1996.

———. *Un sourire blindé*. Montréal: XYZ, 1998.

———. Solitude entre deux rives. *Tangence*, v. 59, p. 133-137, jan. 1999.

———. *Kaléidoscope brisé*. Montréal: XYZ, 2001.

LAFERRIERE, Dany. *Cette grenade dans la main du jeune nègre est-elle une arme ou un fruit?* Montréal: VLB, 1993.

MALLET, Marilu. Ouvrir une tradition de la différence. In: ROYER, Jean. *Romanciers québécois, entretiens*. Québec: L'Hexagone, 1991. p. 227-231.

MARIANI, Philomena (Ed.). *Critical fictions; the politics of imaginative writing*. Seattle: Bay Press, 1991.

MOISAN, Clément; HILDEBRAND, Renate. *Ces étrangers du dedans. Une histoire de l'écriture migrante au Québec* (1937-1997). Québec: Nota Bene, 2001.

PATERSON, Janet. Quand je est un autre: l'écriture migrante au Québec. In: MAUFORT, Marc. *Reconfigurations: Canadian literature and postcolonial identities*. Brussels: Peter Lang, 2002.

RODRIGUEZ MORTELLARO, Itzel. La espiral del poder: Diego Rivera y la representación del pasado indígena en el Palacio Nacional. In: *El vago objeto de la escritura: los intelectuales en su laberinto*. s.l.: Departamento de Historia/Universidad Iberoamericana, 2004. p. 159-191. (Historia y Grafía, 23.)

RUTHERFORD, Jonathan. A place called Home: identity and the cultural politics of difference. In: RUTHERFORD, J. (Ed.). *Identity, community, culture, difference*. London: Lawrence & Wishart, 1998. p. 9-26.

SAÏD, Edward. Reflections on exile. In: FERGUSON, Russell; GEVER, Martha; MINH-HA, Trinh T.; WEST, Cornel (Eds.). *Out there, marginalization and contemporary cultures*. Cambridge, Mass.: MIT Press, 1990. p. 357-363.

VAUTIER, Marie. The role of memory in two fictions de l'identitaire from Quebec: Sergio Kokis's *Le pavillon des miroirs* and Jean-François Chassay's *Les Ponts*. *Études en Littérature Canadienne*, v. 23, n. 2, 1999.

WEEKS, Jeffrey. The value of difference. In: RUTHERFORD, Jonathan (Ed.). *Identity, community, culture, difference*. London: Lawrence & Wishart, 1998.

Parte III

Desterritorialização de modelos poéticos

5

O CLARO E O TURVO – PAISAGEM E CULTURA EM CLÁUDIO MANUEL DA COSTA

*Eliana Scott Muzzi**

Um aspecto marcante na obra do poeta inconfidente Cláudio Manuel da Costa é a profunda tensão que a sustenta, atualizada por temas que encenam, sob diferentes formas, um conflito enraizado no terreno ambíguo e movediço de onde fala o poeta. Colono nascido no rude ambiente das Minas e formado em direito pela Universidade de Coimbra, onde se iniciou no trato poético, o cortesão erudito, imbuído dos valores e formas da cultura européia, entrou em choque com a terra natal inculta e bárbara, quando a ela retornou. Ele percebeu com desalento a impossibilidade de ser nela poeta, de exercer os códigos que regem a atividade poética, de aqui implantar a tópica arcádica e seus "lugares": prados verdejantes banhados por rios de águas claras, onde, à sombra de álamos e faias frondosas, ociosos pastores dedicam-se à celebração de delicados amores. Em vez do "cristalino Tejo" e do "plácido Mondego", ele só encontrou as águas barrentas do ribeirão do Carmo, como se lê no soneto II de suas *Obras*:[1]

> Não vês nas tuas margens o sombrio
> Fresco assento de um álamo copado;

---

* Da Universidade Federal de Minas Gerais.
[1] Proença Filho, 1996.

Não vês Ninfa cantar, pastar o gado,
Na tarde clara do calmoso estio.

Ainda assim, numa homenagem comovida, o poeta dedica seus versos a esse ribeiro "turvo e feio":

Leia a posteridade, ó pátrio Rio,
Em meus versos teu nome celebrado,
Porque vejas uma hora despertado
O sono vil do esquecimento frio.

Dividido entre o modelo retórico vigente e o apelo da pátria rústica, Cláudio Manuel da Costa propôs-se uma árdua tarefa: conciliar a forte tradição seiscentista, que constituía a base de sua formação poética, com a nova estética neoclássica, que anunciava uma crise na civilização da Europa e os primeiros sinais de uma cultura emergente na região das Minas.

A profunda transformação cultural do mundo ocidental no século XVIII abalou não só regimes políticos e a ordem social, mas também paradigmas e cânones culturais. As manifestações artísticas e literárias dessa época assumiram a forma nostálgica e utópica de um mundo em perfeita harmonia com a natureza, no qual a aristocracia, que contemplava os últimos clarões de sua glória, representava-se como uma comunidade de pastores sofisticados, vivendo no ócio bucólico de uma perdida Idade do Ouro. Essa cena de um mundo perfeito remetia a uma antiga tradição que remontava aos poetas bucólicos gregos e tinha origem na configuração geográfica de uma região da Grécia, a Arcádia, montanhosa e de difícil acesso, o que contribuía decisivamente para manter seus habitantes no estado primitivo da vida selvagem. A partir de uma articulação entre a idéia de afastamento da influência nociva da cidade e a de proteção benéfica da natureza, Virgílio inventou uma nova Arcádia, uma Arcádia mítica, elegendo-a como "o lugar humano por excelência", abrigo do ser humano aviltado pela vida citadina.

No final do século XVII surgiu, inspirada no modelo virgiliano, a Arcádia romana. Criada em homenagem à rainha Cristina da Suécia, nela eram relevantes aspectos coletivos, como a comunicação e a sociabilidade e, como aponta Jorge A. Ruedas de la Serna (1995), aí incluindo-se até mesmo o princípio da democracia, visto que o acesso à associação se fazia por meio de eleição. Observa o mesmo autor que os pseudônimos pastoris são "fantasias democráticas sob as quais desaparecem as diferenças sociais dos acadêmicos".

Cláudio viveu intensamente a sociabilidade arcádica, foi sócio supranumerário da Academia Brasílica dos Renascidos, teve participação ativa nas reuniões literárias comemorativas dos acontecimentos da vida social: nascimentos, batizados, mortes, chegadas e partidas de autoridades. Na "academia" — assim eram chamadas tais reuniões —, em homenagem ao aniversário do conde de Valadares, ocorrida em 5 de dezembro de 1768, o poeta, sob seu nome pastoril de Glauceste Satúrnio, apresentou-se como vice-custode da Colônia Ultramarina da Arcádia Romana.

As produções literárias derivadas de tais atos comemorativos inscreviam-se naturalmente na tópica laudatória do panegírico. Através das lentes deformadoras do elogio, que elevavam o objeto de louvor na medida em que se rebaixava o seu sujeito, insinuava-se o sentimento de inferioridade do colono, como se vê na dedicatória da Écloga III ao marquês de Pombal:

> Saio dos montes; vivo na incultura; comunico a rusticidade: não é muito que tudo o que concebo seja dissonância, e seja barbarismo tudo o que pronuncio.

Na outra face dessa moeda, sob a figura emblemática do marquês de Pombal, estava gravada a imagem luminosa da civilização européia e de seu lugar privilegiado, o *locus amoenus*.

A cena bucólica, que configura o *locus amoenus*, repousava numa antiga tradição. Segundo Curtius, ela foi o motivo principal da descrição da natureza desde a época imperial romana até o neoclacissismo europeu. Já em Homero a natureza era representada segundo um recorte específico: grupos de árvores mediterrâneas — choupos, álamos, ciprestes —, água corrrente, campos verdes. Mas o verdadeiro criador da poesia pastoril e de seu quadro bucólico foi Teócrito de Siracusa, que viveu no século III a.C. e fixou sua Sicília natal como um cenário idílico, onde, em campinas luminosas banhadas por águas cristalinas, eram celebradas as festas da colheita. Essa paisagem ideal, na qual Virgílio implantou sua Arcádia, forneceu o fundamento da mimese poética até o Setecentos. Sob as formas poéticas da écloga, da ode e das bucólicas, ela instituiu os elementos constitutivos do "campestre": a árvore, a gruta, a fonte, o rio, o prado. Em suma, o *locus amoenus*. Quando Sannazaro, que, como Virgílio, conheceu a guerra e o exílio, compôs sua *Arcádia* no final do século XV, retomou um quadro bucólico já fixado e reciclou temas e lugares das *Éclogas*.

O *locus amoenus* desenhou, no brasão da cultura ocidental, a imagem recorrente de uma utopia de felicidade e beleza — uma Idade de Ouro, uma visão do paraíso, um objeto perdido. Essa cena primordial configuraria experiências individuais e coletivas, como a que viveu, no século XVIII, a aristocracia européia, representando seu próprio fim.

É curioso observar que a utopia de um mundo perfeito foi canonicamente fixada sob a forma de uma paisagem. Talvez porque a paisagem, ícone da natureza, pareça oferecer uma relação prévia, menos mediatizada, entre o homem e o mundo. Nessa codificada naturalidade se disfarçou sua condição de imagem artificial, estruturada segundo regras próprias.

O *locus amoenus* tem seu correlato paisagístico no jardim, pedaço da natureza isolado, recortado e domesticado, de onde é expulso o elemento selvagem. Além disso, como observa Anne Cauquelin (1989), o jardim, lugar de repouso e meditação, não só rompe com o espaço indeterminado da natureza selvagem, mas também constrói seus traços distintivos em oposição à cidade. É, portanto, um lugar protegido, asilo entre dois perigos que ameaçam o homem: a natureza inóspita e a cidade, lugar corrompido pela sociedade humana.

A construção da paisagem ideal repousa no princípio horaciano do "*ut pictura poesis*": um poema é como um quadro. No Renascimento, a fórmula foi retomada por teóricos italianos, que inverteram seu sentido: "*ut poesis pictura*". O referente não era mais a imagem, mas a linguagem: o quadro era como o poema, a linguagem impunha seus códigos à pintura. Por outro lado, a partir dessa mesma época a pintura passou a produzir o código da percepção visual, a fabricar, na expressão de Anne Cauquelin, "uma máquina para olhar a paisagem". Impôs-se assim uma "ordem da visão", que aboliria as construções mentais através das quais era até então representado o "real". Além de oferecer uma visão no lugar de uma idéia, o "mostrar" exerce ainda, segundo a autora, uma função apologética e pedagógica. "Mostrar o que se vê" instituiu a paisagem, estabeleceu os códigos de sua percepção. Determinando o que e como ver, o "mostrar" filtrou culturalmente a natureza. A partir daí, "só se pode ver o que foi visto", narrado, desenhado, delimitado. A paisagem é portanto um "enunciado cultural".

A natureza, pelo contrário, é o todo indistinto que não se demarca nem se nomeia. Ela invade e desfigura a Arcádia primitiva de que falam Heródoto e Pausânias, rondada por perigos e terrores. Banida da Arcádia idílica, essa sombra estava, entretanto, inscrita em seu cerne e revelava-se em obras como a de Goya. A bela análise de Jean Starobinski (1988) mostra como, a partir de circunstâncias pessoais e de um abalo político, aflorou na pintura de Goya um elemento inquietante, sob a forma do monstro, figura do tenebroso, do "avesso negro" da realidade representada.

Também em certos quadros de Poussin a harmonia da cena arcádica é rompida pela irrupção do elemento inquietante. Nos *Pastores na Arcádia*, um túmulo ergue-se no centro do espaço feliz, tendo em seu centro a inscrição: "*Et in Arcadia ego*", que quatro pastores tentam decifrar. Diversos hermeneutas debruçaram-se, como os pastores representados no quadro, sobre essa frase: quem fala nela? Um pastor que, mesmo no paraíso bucólico, foi atingido pela morte? Ou a própria morte, figurada no túmulo erguido em plena Arcádia? O que interessa reter nessa análise não são os sentidos possíveis da frase e da imagem, mas o elemento comum a todos eles: no centro do espaço utópico, inscreve-se a morte, a falta, a ausência. Essa constatação é reiterada em outros quadros de Poussin, como *Paisagem com homem sendo morto por serpente* e *Paisagem com homem perseguido por serpente*. No centro da paisagem amena, como no centro do jardim do Éden, a serpente introduz o horror e expulsa o homem de seu hábitat feliz.

De volta à terra natal, Cláudio Manuel da Costa trouxe consigo o modelo arcádico e seu elenco de *topoi* prontos para serem atualizados no contexto colonial. Num primeiro momento, ele acalentou a ilusão de que o afastamento da metrópole acarretaria apenas uma perda de espaço físico, como se lê no soneto LXXVI de suas *Obras*:

> Enfim te hei de deixar, doce corrente
> Do claro, do suavíssimo Mondego.
> Hei de deixar-te enfim, e um novo pego

Formará de meu pranto a cópia ardente.
De ti me apartarei; mas bem que ausente,
Desta lira serás eterno emprego. (...)

Mas, logo confrontado com a aspereza de uma terra rude, o poeta verifica, desconsolado, em seu "Prólogo ao leitor", a impossibilidade de manter a cena bucólica:

Não são essas as venturosas praias da Arcádia, onde o som das águas inspirava a harmonia dos versos.

Objeto perdido não só por seu caráter utópico, como também pela própria natureza da representação, nesse transplante cultural a paisagem arcádica é mais uma vez perdida. Em *Epístola I*, a forma simbólica consagrada pela cultura européia torna-se inoperante no espaço selvagem e o poeta se vê ameaçado em sua própria enunciação poética:

Entorpeceu-se o canto
E a Musa tristemente enrouquecida
Se viu, depois que a sorte desabrida
Trocou o doce encanto
Das Ninfas do Mondego,
Pelo deste retiro inculto emprego.

Tal impasse resulta da dificuldade de determinar um "lugar" cultural para a enunciação do poeta transplantado, como se lê em sua *Saudação à Arcádia ultramarina*, na qual homenageia Termindo Sipílio, nome arcádico de Basílio da Gama, promotor da criação de uma sucursal da Arcádia em terras coloniais:

Mas onde irá sem pejo
Colocar-se atrevido
Quem longe habita do sereno Tejo
Quem vive do Mondego dividido,
E as auras não serenas
Do pátrio Ribeirão respira apenas?

Na impossibilidade de se situar poeticamente, Cláudio refugia-se no papel prestigioso do exilado, já endossado por Virgílio e Ovídio. O conflito do poeta mineiro torna-se, entretanto, mais dramático, pois ele é estrangeiro em sua própria terra natal e assim avalia sua divisão interna, no soneto XCVIII de suas *Obras*:

> Destes penhascos fez a natureza
> O berço em que nasci: oh! quem cuidara
> Que entre penhas tão duras se criara
> Uma alma terna, um peito sem dureza!

O pastor que "chora na própria terra peregrino" encontra na natureza hostil uma figura da sua dor. No soneto XXII, "sentado sobre o tosco de um penedo", ele derrama lágrimas tão sofridas que enternecem a própria penha e, por meio de uma operação retórica de redistribuição barroca, seus atributos são intercambiados:

> A natureza em ambos se mudava:
> Abalava-se a penha comovida,
> Fido, estátua da dor, se congelava.

Através de deslizamentos metonímicos e de substituições metafóricas, o poeta apropria-se de um traço distintivo dessa natureza ainda não desenhada. A rocha torna-se também imagem da constância do sujeito, em oposição à instabilidade da mulher amada.

Por outro lado, ainda que o poeta não se conforme com a perda das referências culturais que sustentam sua atividade poética e rejeite a rusticidade das Minas, não pode apagar o sentimento de afeto que o liga à terra natal e sente-se culpado por renegá-la, como se vê no soneto VII, de *O Parnaso obsequioso e obras poéticas*:

> Ninfas do pátrio Rio, eu tenho pejo
> Que ingrato me acuseis vós outras, quando
> Virdes que em meu auxílio ando invocando
> As Ninfas do Mondego, ou as do Tejo.

Diante dessa situação insustentável, submetida a ordenações opostas, Cláudio Manuel da Costa concebeu como saída para a sua divisão interna um projeto de conquista cultural, como mostra o soneto LXXXIII de suas *Obras*:

> Romper de altos penhascos a rudeza
> Desentranhar o monte, abrir o rio;

Através de ações civilizatórias atribuídas a Pedro o Grande, da Rússia, como "polir a bárbara rudeza" e "domar a natural fereza", o poeta fala das Minas, propõe-se a ordenar o espaço primitivo e a fazer entrar "em campos não pisados" os *topoi* do quadro bucólico.

Mas a natureza selvagem, sem nome e sem norma, é obstáculo, resistência, desacordo, e Cláudio experimenta incessantemente a "desconsolação de não poder substabelecer aqui as delícias do Tejo, do Lima e do Mondego". Os penhascos hostis e as águas barrentas do ribeirão do Carmo não seriam acolhidos no *locus amoenus*. A solução proposta pelo poeta e ensaiada na *Fábula do ribeirão do Carmo* consistiu em legitimar a terra inculta, atribuindo-lhe uma origem mítica.

O ponto de partida do poema é o mito de Ácis e Galatéia, presença recorrente na obra do autor e já poeticamente abordado por Teócrito e Ovídio. Segundo o mito, a ninfa Galatéia é amada pelo gigante Polifemo, que ela despreza em favor do pastor Ácis. Tomado pelo ciúme, o gigante esmaga seu rival sob um rochedo, mas, a pedido da ninfa, Netuno o transforma num rio da Sicília. O poeta mineiro encontrou nessa narrativa mítica os elementos naturais que caracterizavam a terra natal — a pedra e a água — bem como o tratamento adequado para elevá-los à categoria de objetos culturais.

O mito clássico foi, entretanto, submetido a transformações e adaptações que lhe permitiram dar conta da realidade local. Itamonte — ou Itacolomi —, pico que domina Vila Rica, foi ficticiamente incluído por Cláudio na plêiade dos gigantes e, por um deslizamento metonímico, assumiu o papel de Polifemo. Não foi esse gigante, porém, mas seu filho, que se apaixonou pela ninfa Eulina, versão nativa de Galatéia. Mas Eulina é raptada por Apolo, o deus louro, a quem fora consagrada. Desesperado, o mancebo mata-se com um punhal e seu sangue, inundando a campina, transforma-se nas águas avermelhadas do ribeirão do Carmo. A vingança de Apolo traduz-se na pena eterna de ter suas entranhas incessantemente revolvidas por mineradores e garimpeiros, em busca de ouro. O filho de Itamonte assume aqui uma figura análoga à de Sísifo, condenado a ter suas entranhas eternamente devoradas por aves de rapina. Espoliado de suas riquezas, privado de sua própria imagem, impedido de ter acesso aos códigos da representação literária, o ribeirão do Carmo, figura do poeta e de sua terra, reconhece sua inferioridade estética:

> As Ninfas generosas
> Que em tuas praias giram
> Ó plácido Mondego, rigorosas
> De ouvir-me se retiram,
> Que de sangue a corrente turva, e feia
> Teme Ericina, Aglaura e Deiopéia.

Já no soneto de abertura da *Fábula*, o "pátrio rio" é oferecido às ninfas do Mondego como "vítima estrangeira".

O modelo clássico de representação e sua vertente bucólica excluem tudo o que escapa à categoria do "belo", pois são regidos pela tópica do panegírico, como destaca Curtius (1957:201): "a descrição da paisagem também comportava a teoria dos argumentos retóricos do discurso epidítico. O tema principal desse gênero de discurso é o elogio". A paisagem é, pois, necessariamente bela, visto que o panegírico exalta não o verdadeiro ou o verossímil, mas o ideal. Na cena arcádica só cabem águas cristalinas e prados luminosos, nunca os penhascos abruptos e as águas turvas do ribeirão do Carmo.

Para conferir a esse pedaço de natureza selvagem o acesso à representação, para poder dizer o que ainda não foi dito, seria necessário elaborar, a partir de outros signos, uma nova estética capaz de incluir a violência, o sangue, a desordem, o feio, o turvo. Uma problemática de tamanha amplitude ultrapassava desígnios individuais e era algo impensável no contexto setecentista. Entretanto, ela não escapou a Cláudio Manuel da Costa, em seus repetidos embates com uma alteridade irredutível aos códigos literários da época e na busca obsessiva de uma solução retórica que viabilizasse a inclusão das ásperas Minas num quadro culturalmente instituído.

Alguns anos mais tarde, o poema épico *Vila Rica*, datado de 1773 e cujo objeto é a celebração da descoberta do ouro e a criação das primeiras vilas e cidades mineiras, retomou, sob outra abordagem, a questão que ficara pendente na *Fábula do ribeirão do Carmo*. Trata-se aqui igualmente de elaborar um fundamento mítico que legitime a inclusão do espaço selvagem em uma forma culturalmente reconhecida. Mas não mais de nele implantar o cenário bucólico da Arcádia.

O *Vila Rica* insere-se em outro projeto, inspirado na ideologia iluminista e nas noções modernas de progresso e civilização. O modelo elegido por Cláudio foi Voltaire, especificamente em sua pretensão de renovar os gêneros clássicos, adaptando-os ao terreno ainda movediço de um novo recorte do mundo. O poeta mineiro experimentou, como Voltaire em seu poema épico *Henriade*, o desejo e a impossibilidade de fazer reviver a forma clássica da epopéia, e enfrentou, no *Vila Rica*, os mesmos problemas e desafios decorrentes da ineficácia do modelo épico, pouco adequado para configurar uma imagem do mundo num momento histórico em que ela muda radicalmente. Cláudio adotou a estrutura proposta no *Henriade*, no qual a função narrativa do poema épico é reduplicada por outro tipo de texto, em prosa, em que se investe um novo discurso, em vias de constituição no século das Luzes: o discurso da História, cujo pressuposto básico é a veracidade dos fatos, atestada não mais pela citação de "autoridades", ou seja, de autores consagrados, mas por documentos e fontes.

Hesitante, embrionário, esse novo discurso ocupa, em ambos os poemas, as margens do texto poético, sob a forma de ensaio — no *Vila Rica* intitulado "Fundamento histórico"— e de extensas notas de rodapé, que por vezes ocupam quase todo o espaço da página. Cabe a esse importante suporte paratextual, que constitui uma ruptura do sistema enunciativo do poema, transferir a função fundadora do real, exercida até então pela epopéia, para o novo discurso da história.

A partir desse recorte teórico, Cláudio Manuel da Costa indicava, como fontes de sua pesquisa, documentos fornecidos por câmaras e arquivos, assim como o testemunho pessoal de pessoas que participaram dos acontecimentos narrados ou conviveram com seus atores. Baseado em método e procedimentos científicos, o ensaísta elaborou a narrativa da descoberta do ouro e das esmeraldas, da criação das vilas, da sucessão dos governadores, enfim, da abertura do território das Minas ao progresso e à civilização.

Paralelamente à narrativa histórica, o poema oferece a versão mítica dos mesmos fatos, seu fundamento mítico, que tem por função construir uma origem, uma identidade. O papel do herói é exercido pelo governador português Antônio de Albuquerque, cujo principal feito foi a pacificação das hostilidades entre portugueses e paulistas — ação pouco conforme ao ideal épico, mas adequada ao ideário iluminista. Além de moderno, esse herói esclarecido, moderado e conciliador era simpático à causa dos paulistas.

Não por acaso o paulista Garcia Rodrigues Paes, filho de Fernão Dias Paes Leme, encarna um duplo de Albuquerque, assumindo no poema os atributos amorosos do herói, enquanto o governador detém os do poder e da razão. Parece legítimo ver em Garcia a primeira representação literária do brasileiro. Nativo e mestiço, a ele cabe a tarefa de estabelecer os alicerces míticos da nova cultura. Ele é o intermediário entre brancos e índios e, no seu passado de herói amoroso, inclui-se uma relação com a índia Aurora. Descrita segundo a tópica da beleza feminina européia, Aurora tem, como seu nome indica, tez alva e olhos claros. Ainda que embranquecida pelo modelo retórico europeu, não é a índia o destino amoroso de Garcia, mas Eulina, a ninfa do ribeirão do Carmo, empréstimo intratextual tomado à *Fábula*, na qual constitui uma versão da grega Galatéia.

Um gesto recorrente, de grande intensidade plástica, caracteriza Eulina: ela toma o pó de ouro do rio e com ele pulveriza os cabelos. Num nível puramente denotativo, trata-se de uma referência à moda européia da época. Mas, no contexto das Minas, o gesto da ninfa torna-se ambíguo e polissêmico, abrindo-se a outras significações. Pode-se ver nele um índice de mestiçagem: é pelo efeito do ouro que os cabelos da ninfa tornam-se louros. Por outro lado, esse "gesto fundamental" — na acepção que Brecht confere ao termo — aponta para uma operação de reversão retórica, por meio da qual o brilho do ouro real, extraído das rudes Minas, suplanta o ouro metafórico. Em tal perspectiva, os cabelos dourados não são mera figura de linguagem, mas pura literaridade.

Nesse processo de apropriação, a ninfa Eulina não tem mais como modelo único o mito clássico de Galatéia. Ela evoca outros mitos, como o da mãe do ouro, que, segundo o crítico Hélio Lopes (1997a), durante a noite muda o ouro das lavras para outro lugar, sendo então possível ver o brilho do metal refletindo-se no céu como um clarão. Outra figura do imaginário brasileiro bastante próxima à ninfa protetora do ribeirão do Carmo é a mãe d'água ou Iara, entidade fluvial que nas noites de lua cheia penteia os longos cabelos e canta com voz maviosa. Seduzidos pelo canto e pelo gesto, os caboclos são por ela atraídos para um leito de amor e morte, no fundo do rio. Hélio Lopes adverte que a lenda da mãe d'água — como também a da mãe do ouro — não é de origem indígena, trata-se antes de uma apropriação de um mito universal, em cuja base figuram as sereias gregas, reeditadas sob diferentes formas em várias culturas, como, por exemplo, a Lorelei germânica. O crítico aponta, nessa apropriação, "a influência assimiladora do mestiço, irradiante e plástico".[2]

Ao contrário da mãe do ouro, da mãe d'água e das sereias, a ninfa Eulina não é uma entidade maléfica, mas protetora. Se ela seduz o mameluco Garcia e o leva para o fundo das águas turvas do ribeirão, é para lhe oferecer, em lugar da morte, um tesouro fabuloso.

Além da mobilização de mitos clássicos e miscigenados, encontram-se, no *Vila Rica*, referências a mitos indígenas, como o Curupira, o deus das matas, cujos pés voltados para trás deixam rastros enganadores. Uma nota do autor atribui-lhe, entretanto, a função de guardião dos tesouros minerais da terra, função essa confirmada, segundo Hélio Lopes, por Câmara Cascudo como uma expansão dos domínios desse gênio protetor.

Paralelamente à aventura vivida por Garcia no fundo do rio, o herói Albuquerque também passa, no interior da terra, por semelhante rito de iniciação. Numa gruta escura ele encontra, sob a aparência de um índio velho, o gênio das "pátrias Minas", que, num toque mágico, abre a rocha dura e lhe mostra, numa "estrutura transparente de cristalinos vidros", uma sucessão de quadros que apresentam a história futura da conquista das Minas, na qual o governador é o principal ator.

Alguns aspectos importantes podem ser assinalados na constituição fictícia desse fundamento mítico. Um deles é o apagamento da violência inerente à conquista, à submissão de um território e de seu povo. Para criar o efeito conciliatório do apaziguamento, a riqueza das Minas não é tomada pela força, mas "oferecida" aos conquistadores, na figura do governador português Albuquerque e do paulista Garcia, pelos gênios que guardam o lugar.

---

[2] Lopes, 1997b:174.

A ação mítica, que tem por função construir os alicerces de uma cultura, passa-se não na superfície da terra, mas em seu interior, no fundo do rio ou de uma gruta. Nessa dimensão subterrânea, latente, é enfim possível nomear um espaço, compor um quadro, instituir uma narrativa, uma descrição. No fundo do ribeirão do Carmo, Eulina exibe aos olhos de Garcia, numa sucessão de cenas fixas e feéricas, o deslumbrante tesouro de um Eldorado submerso. No interior da gruta, o gênio das Minas transforma a rocha opaca numa estrutura transparente, através da qual Albuquerque torna-se espectador de quadros em que se representam os episódios de uma ação futura a ser empreendida por ele próprio. No gesto simbólico das entidades míticas protetoras da terra, sob a opacidade de um mundo ainda não configurado, refulge o esplendor do mito americano e a promessa da ordem clara da História e de seus corolários iluministas: progresso e civilização.

Na elaboração dos fundamentos histórico e mítico, que buscam conferir à terra um lastro legitimador, cumpre destacar a natureza dos materiais utilizados, provenientes de múltiplos espaços culturais, marcados pelo hibridismo. No texto "histórico", regido pelos princípios da objetividade e da imparcialidade, documentos e testemunhos comprobatórios da veracidade dos fatos relatados mesclam-se a explicações fantasiosas — como a que identifica na bananeira, a partir de referências tomadas ao *Gênesis* e ao *Paraíso perdido* de Milton, a árvore cujas folhas cobriram a nudez de Adão e Eva — e à irrupção da subjetividade do autor numa veemente e muito pessoal defesa dos paulistas.

No fundamento mítico elaborado no poema, fragmentos de mitos clássicos adaptados são acoplados a mitos indígenas ou caboclos e a elementos dados como ficcionais: retalhos de diferentes origens, justapostos segundo um princípio que remete à colagem, ao *patchwork*. Ou ao manto de Arlequim, que Michel Serres (1991) elege como figura da mestiçagem, composto de elementos heteróclitos, e sob o qual se encontra uma pele idêntica, também constituída por fragmentos de diferentes cores e texturas, não sendo jamais possível chegar a uma unidade primordial.

No *Vila Rica*, é através da mestiçagem cultural que se abre a possibilidade de inclusão retórica de um espaço até então não representável, de um não-lugar, nas antípodas do *locus amoenus*. Nesses "campos não pisados" podem enfim entrar, não como pretendia Cláudio no último soneto de sua centúria, "a Ninfa, o Pastor, a ovelha e o touro", mas os rejeitos da tópica clássica: o turvo, o feio, o sombrio, o opaco.

Essa reversão retórica, que poderia ser emblematizada pelos pés invertidos do Curupira, permitiu não só fazer das águas turvas do ribeirão do Carmo um "enunciado cultural", como também as conectou com antiqüíssimas tradições, como a que estabelece uma homologia entre o rio, o sangue e as artérias. Essa relação se originou, como indica Simon Schama (1996), no culto do rio Nilo, onde, segundo o mito, foram lançados os membros despedaçados de Osíris, que o tranformaram em "rio sangüíneo e vivificante", fonte de fecundidade.

O deslocamento cultural efetuado no *Vila Rica* permite, portanto, reinterpretar o espaço selvagem a partir de outros parâmetros. Em oposição à cena arcádica, monolítica, fechada, imobilizada em sua beleza luminosa, delineia-se um novo espaço, ainda não codificado, mas aberto à ação, à mobilidade, à fecundidade. Se no centro da Arcádia de Poussin inscreve-se a morte, sob a forma do túmulo ou do homem devorado pela serpente, no *Vila Rica* a sucuri, confundida por um membro da comitiva do herói com um tronco junto ao qual busca repouso, é perseguida e vencida pelos índios. No ventre das ásperas Minas, engendra-se um mundo novo, ainda não fixado, onde os homens agem e dominam os monstros, onde as visões submersas dos sonhos fecundam uma imagem do futuro.

Referências bibliográficas

CAUQUELIN, Anne. *L'invention du paysage*. Paris: Plon, 1989.

CURTIUS, Ernst Robert. *Literatura européia e Idade Média latina*. Rio de Janeiro: INL, 1957.

LOPES, Hélio. Origens das letras nas Minas Gerais. In: *Letras de Minas e outros ensaios*. São Paulo: Edusp, 1997a.

———. A mãe-d'água em Gonçalves Dias. In: *Letras de Minas e outros ensaios*. São Paulo: Edusp, 1997b.

PROENÇA FILHO, Domício (Org.). *A poesia dos inconfidentes: poesia completa de Cláudio Manuel da Costa, Tomás Antônio Gonzaga e Alvarenga Peixoto*. Rio de Janeiro: Nova Aguilar, 1996.

RUEDAS DE LA SERNA, Jorge A. *Arcádia: tradição e mudança.* São Paulo: Edusp, 1995.

SCHAMA, Simon. *Paisagem e memória.* Trad. Hildegard Feist. São Paulo: Companhia das Letras, 1996.

SERRES, Michel. *Le tiers instruit.* Paris: François Bourin, 1991.

STAROBINSKI, Jean. *1789. Os emblemas da razão.* São Paulo: Companhia das Letras, 1988.

6

A TRAVESSIA CULTURAL DE *A FORÇA DO DESTINO*

*Angelina Vinagre Mendes**

Tomando como ponto de partida a ópera de Verdi, a obra epônima de Nélida Piñon *A força do destino* propõe-nos uma estratégia de leitura que comporta a subversão do discurso hegemônico: desconstruir e reformular, desviar a tradição, os cânones, as práticas sociais, utilizando o próprio poder da linguagem. Não se trata aqui de música etérea, alheia a preocupações sociais. Pelo contrário, rompendo com a univocidade de uma utópica cultura de origem, essa leitura operística feita por Nélida leva-nos a pensar de outro modo, sem a partitura nem o teclado de apoio das normas, a sermos mais audaciosos e não apenas leitores/ouvintes de mais uma representação de meras convenções sociais.

Considerando-se que o conceito original que alicerça a ópera em geral é o drama pela música (*dramma per musica*[1]), pode-se observar que a tensão que o sustenta advém, quase sempre, das estruturas patriarcais encaixadas no repertório da ópera. Elas geraram, na maior parte do repertório, papéis femininos de vítimas morais. Sob a música sublime, a fascinação da voz, há o texto refletindo os conflitos humanos através de uma história que sacrifica a mulher. Daí a importância fundamental de se referir ao texto, pois, como o lembra Catherine Clément (1979:46-47):

---

* Da Université de Poitiers.
[1] Ver Kobbé, 1991:ii.

à l'opéra, l'oubli des mots, l'oubli des femmes, plongent dans les mêmes racines. Car dans les textes, plus que dans l'écoute prise au piège d'une voix adorée, j'ai trouvé, avec frayeur, avec épouvante, les mots qui tuaient, les mots qui disaient, chaque fois, la défaite des femmes. (...) Pas d'autre ressource que la mort : telle est la finalité secrète de l'opéra.

Mas *A força do destino*, de Nélida Piñon, enquanto obra literária, alimenta-se justamente do libreto da ópera e o esmiuça, transformando-o de modo radical.[2] No decorrer de sua história, o texto parece predestinado a várias mutações antes mesmo de chegar ao livro de Nélida, cuja primeira edição data de 1978. Sua primeira versão foi o drama espanhol *Don Álvaro o la fuerza del sino* (1835), de Angelo Perez de Saavedra, duque de Rivas (1791-1865). A partir dessa obra, Francesco Maria Piave escreveu o libreto de *La forza del destino* para Giuseppe Verdi. Sua estréia como ópera ocorreu no Teatro Imperial de São Petersburgo, em 1862, logo se tornando uma grande obra popular na Itália e na Alemanha. Na França, no entanto, impôs-se lentamente, por causa da extravagância do libreto, repleto de situações dramáticas e visto como *"à la fois boursouflé et décousu, (...) un livret qui n'a guère son pareil dans toute l'histoire du théâtre lyrique"*.[3]

A leitura de Piave/Verdi por Nélida Piñon nos transporta, por sua vez, a uma nova ficção, a uma narrativa que envolve mais uma problemática, ligada à própria escrita: a participação explícita da *cronista Nélida* no texto da ópera/obra *A força do destino*. O enredo de Piave se desenrola por volta de 1740, na Espanha e na Itália,[4] mas é bem à sua maneira que a "cronista" se debruça sobre o século XVIII. Qualificando-se de "macaca velha",[5] a escritora já experimentada do final dos anos 1970 se impõe com uma obra extremamente original. Nélida estabelece tal relação com o texto, tal identidade com os dois amantes verdianos (Álvaro e Leonora) que se inscreve de imediato uma nova diegese. Ela os segue nessa música ainda

---

[2] Numa entrevista, Nélida afirmou: "*C'est là ma façon de lutter: au niveau du texte, dans mon travail*". Cf. Lapouge e Pisa, 1977:219.
[3] Cf. Tranchefort, 1983:230-231.
[4] Cf. Cabourg, 1990:876.
[5] Piñon, 1980:10, 11 e 13. Salvo menção contrária, as citações que farei se referem a essa obra e a essa edição.

inaudita das paixões, vive na pele deles: "aqui estou a segui-los, serei uma pele de temperatura igual à de vocês. Qualquer febre da tua amada há de incendiar-me também".[6]

Essa nova relação, que se instaura ambivalente, inclui e transcende as fulgurações da carne: "Era um jogo perigoso (...) a distribuir fulgurações pela carne na certeza de transcender a de Álvaro e, conseqüentemente, a minha também". A parte exigida do homem, a quem Nélida lembra sua presença — "tocando o ombro do homem eu lhe recordaria minha presença, ali estava a exigir a minha parte" —, abrange a participação na *luxúria* de Leonora, na "prodigiosa ascensão do seu arrebato". Não há qualquer reserva da parte de Nélida: "também eu ali estaria para provar-lhe o gosto". Nessa "partilha" com Álvaro, o ciúme, o sofrimento, a aflição já anunciam o custo desse "jogo perigoso" e o ludismo se inicia "como uma estranha a cobrar-lhe a amada. Uma cronista que dispensava sua licença para integrar-se ao corpo de Leonora, podendo até amá-la sempre que ele a beijasse".[7]

Portanto, há uma integração de Nélida "ao corpo de Leonora" sem que para isso ela precise pedir licença a Álvaro. Pelo contrário, há uma exigência ao homem, há cobrança. A tradicional invisibilidade da mulher se apaga exatamente a partir do gesto que vem dela própria, pois ao tocar "o ombro do homem" ela lembra a sua "presença", que seria simplesmente tímida ou mesmo invisível sem o gesto reivindicador. Ombreando-se assim com o amante, pondo-se em paralelo com ele, ela tem acesso à condição ontológica, a uma existência que é imediatamente inscrita na exigência da sua "parte".[8] E essa *partilha* desafiadora ("Ah, Álvaro, acaso sabes o que há de significar uma partilha?") compreende todos os momentos, sem exclusão. Nélida está presente desde o olhar interior de Leonora para si mesma — "Quando Leonora fechasse os olhos (...), num gesto de pudor, (...) querendo indicar sofro assim do pudor, desta delicade-

---

[6] Piñon, 1980:12-13.
[7] Ibid., p.13.
[8] Na entrevista já citada, Nélida afirmou: *«J'adopte la patience de Pénélope et je l'applique aux entreprises d'Ulysse, à l'aventure. Je veux la meilleure part, la part d'Ulysse, pour moi"* (Adoto a paciência de Penélope e aplico-a às empresas de Ulisses, à aventura. Quero a melhor parte, a parte de Ulisses, para mim). Ver Lapouge e Pisa, 1977:216.

za de véu (...)"⁹ — até a luxúria, o êxtase, que aparece num movimento ascensional de Leonora. A mulher tem aqui um lugar, ela participa diretamente da ação da ópera através dessa nova forma de criação que se poderia chamar de ficção operística.

E funde-se já aqui o trio de amantes num trabalho literário do qual não se sai sem marcas: "modesto instrumento que, afiado contra a pedra, muitas vezes me havia ferido, o meu corpo era agora um rico mapa". Agudo, ferindo e se inscrevendo no corpo, o trabalho textual é constante, exige seu preço: "Álvaro esquece-se do preço que pago para continuamente dispensar atenção". Pois a "página branca" do texto aparece tão lancinante que vai às raias da alegoria, através da imagem do "caçador que dispara dois punhais ao mesmo tempo. Um fere pela agressividade, outro acovarda-se pela ausência de animais a abater". O *instrumento* bem *afiado*, cortante, é explicitamente duplicado e materializado em *dois punhais*, que obstaculizam a fruição do instante: "eu nunca posso ser jovem. Não estou autorizada a esquecer o texto". Primeiramente como instrumento afiado, em seguida desdobrada em dois punhais, a pena do trabalho literário resulta em *pena* ilustre, personalizada em dois pares escolhidos entre os maiores autores da língua portuguesa, que "usa da pena de Camões, Cecília, Machado, Clarice". Num desdobramento da duplicação, chega-se à simetria de dois pares, e a eles acrescentarei Nélida. Ela vem romper o equilíbrio aparente dos pares como antes se havia insinuado entre os amantes verdianos, integrando um terceiro elemento à dualidade, subvertendo a ordem preexistente "para revelar caminhos difíceis, mas que elucidam".[10] Desconstruindo a díade, que implicaria conflito ou hierarquia, introduz-se aqui uma estratégia trinitária que desloca a simples alteridade, a cultura finita de oposições binárias.[11]

Os amantes de Verdi entram na língua portuguesa pelas mãos de Nélida — "Unicamente por minhas mãos" —, cujos *dedos em chamas*[12] criam música nova em texto novo. A relação que se instaura com a música torna esta última um elemento dinâmico, transformador de cultura. Pois,

---

[9] Piñon, 1980:13.
[10] Ibid., p. 12, 15, 14, 64.
[11] Cf. Derrida, 1972.
[12] Piñon, 1980:13.

além de agitar o espectro redutor da mulher, que o melodrama de origem reproduz, Nélida opera ainda outra transformação — imprevisível e agora irreversível — no universo operístico: a passagem da Leonora reprimida do libreto à da língua portuguesa do Brasil, com tudo o que esta implica de sensualidade. Essa invenção pela nova representação transgride então duplamente a ideologia patriarcal subjacente ao livro espanhol e da qual emergiu também a ópera de Verdi, que já não nos será mais a mesma.

Abrem-se agora outras possibilidades na criação literária com a experiência ousada de Nélida, que dá voz diferente à mudez do papel feminino tradicional. E uma Leonora original "canta" de modo raro, excepcional, com "voz de contralto",[13] não só o drama verdiano da cultura dominante da qual é vítima, mas também o "arrebato" transgressivo e antipatriarcal do qual Nélida participa. Vale ressaltar aqui que a escolha dessa categoria de voz rompe também as convenções operísticas. O papel de Leonora na ópera é reservado a uma cantora com voz de soprano lírico-dramática (*soprano lirico spinto* ou *jugendlicher dramatischer Sopran*). Trata-se de uma voz menos aguda que a da categoria de *soprano leggero* ou *hoher Sopran*, que é a voz feminina mais aguda. Mas, além do fato de a soprano lírico-dramática possuir uma extensão comparável à da *soprano leggero*, ou seja, duas oitavas e meia, numa tessitura menos elevada, sua potência expressiva é maior, sendo esse o aspecto que a caracteriza. Mas a Leonora de Nélida é contralto (ou *alto*), a categoria mais grave entre as vozes femininas. Igualmente longa (duas oitavas e meia), envolvente, ela é sobretudo extremamente rara. Por isso, em geral é substituída na ópera por uma voz de *mezzosoprano* dramática, que possui de uma a duas notas a menos que a voz de contralto.[14]

Por outro lado, o corpo operístico é textualizado numa diferença lingüística essencial, à qual já fiz alusão, que atua solidária "com um corpo em frangalhos": a língua portuguesa do Brasil. Assim, o condicionamento a Portugal, ponto de partida da língua, também se abala no texto de Nélida, com a abertura ao português do Brasil. A perspectiva masculina nor-

---

[13] Piñon, 1980:11.
[14] Ver a esse respeito, por exemplo, Tranchefort, 1983, v. 1, p. 13; ou D'Ormesson, 1983:280-281.

mativa, que se inscreve também no código da língua, é pois explicitamente subvertida pelos efeitos dos "últimos quinhentos anos brasileiros. Com eles, ela ganhou força e ardência. Ficou uma língua morena". E talvez por essa razão ela possibilite esse relacionamento sem limites que nos propõe *A força do destino*: "Daí esta língua precisar de que seus amantes se excedam", pois, possuindo "rosto e sexo ardentes", ela comporta "volúpias novas". É portanto "uma língua que registra a vida de modo a que se cancele a inocência para sempre".[15]

Nesse novo processo de criação, Álvaro chega a vender sua história a Nélida: "havia vendido a sua história (...) deixando-me livre para criá-la a meu gosto". O papel masculino torna-se logo pura figuração, fingimento, como anui o próprio Álvaro diante de Leonora: "Está bem, mulher, vou fingir que te exibes para mim, e não para a cronista Nélida".[16]

Por seu lado, abrindo um questionamento complexo, Leonora lança o desafio a Álvaro: "Por que suspeitas de mim, amado futuro amante, não tens corpo bastante para provocar os devaneios de uma donzela como eu, de origem nobre, é verdade, mas ainda assim mulher?". A dimensão física entra assim em jogo através da identidade gênero-sexo, ao lado da condição social da donzela nobre. Sexo biológico e sexo social se confrontam diante da ruptura da ordem preestabelecida anunciada abertamente por Nélida a Álvaro: "A verdade é que, se eu não buscasse aqui subverter as tuas normas, tua luta se teria resumido na conquista de um matrimônio sólido, uma prole autenticada (...)".[17]

A liberdade na criação e a subversão das normas excluem toda e qualquer submissão. E Leonora não fica "descascando ela batatas para a sopa na longínqua Sevilha". Assim como Nélida não nos serve "fatias de uma realidade oficial", nem "vidas sólidas, com telhado e vigas mestras", nem "parceiros brandos" de trajeto previsível até a morte. Pelo contrário, iconoclasta, o texto de Nélida nos prepara para transgredir, destruir essas imagens tradicionais, pois "encarregadas da obediência e da colheita, elas proíbem qualquer transgressão". Aliás, uma pergunta desafiadora se insi-

---

[15] Piñon, 1980:14-15.
[16] Ibid., p. 15, 11.
[17] Ibid., p. 11, 17.

nua no texto: "Pois, por que deveria a história humana revestir-se sempre de pudor e sigilo, a expurgar a paixão que lhe escorre do umbigo, a pretexto de uma limpeza regeneradora?"[18]

Em plena coerência com essa lógica, Nélida decide que os amantes não vão adquirir uma imagem exterior em sua obra: eles simplesmente não são descritos. A descrição representaria uma certa facilidade, podendo lhe servir de apoio ou talvez mesmo lhe trazer a companhia de personagens mais precisos. Nessa escolha da dificuldade, ela é categórica: "E nesta busca seguirei solitária. Não quero socorro, porque jamais descreverei as feições de Álvaro e Leonora. Recuso-me a detalhar seus rostos". Eles permanecem portanto "eternamente jovens", "distantes dos anos que deformam. Não permitirei que envelheçam à vossa vista". São preservados da ação dos séculos que passam, sem que o tempo os envelheça. O tempo que marca no rosto "nossas capitulações e bolsas d'água". Nélida defende-os assim das estrias na eterna fuga em que vivem, um desertando do outro nesse impossível "amor que os ameaçou com a eternidade". Com essa atitude, a cronista livra-os do olhar, esse juiz impiedoso: "Os olhos me querem sempre cobrar certezas". Uma descrição pode também levar as pessoas a descobrir os amantes, a "identificá-los através das chaves que levianamente lhes forneça".[19] E é bom ressaltar aqui que, na averiguação policial efetuada após a morte do marquês de Calatrava, pai de Leonora, o texto já nos havia aberto uma pista ética bem clara: "Não fui educada para colaborar com a polícia, é uma questão de princípio".[20]

No entanto, essa escolha explicitamente deliberada de não descrever os amantes não impede a presença física de Leonora no texto. Seu corpo surge, por exemplo, nos fantasmas de frei Melitone, que a acolhe no convento, ponto final de sua fuga. Ele

> reclamaria do poder da carne inundada de suor e secreção. Imerso nesse sonho, atribuiria a Leonora imensos seios, que lhe saltavam do vestido, ferindo-se na queda. Ao ritmo daqueles peitos arfantes, bateria seguidas

---
[18] Piñon, 1980:17, 64.
[19] Ibid., p. 53, 54, 49, 65 e 53.
[20] Ibid., p. 30. Cf. a história recente do Brasil e a data de publicação desta obra de Nélida Piñon.

vezes a cabeça contra a parede, na luta de livrar-se do poço onde seu corpo nadava.[21]

Melitone teria até feito um esboço de Leonora sem supor "que no púbis tinha pele de cetim, belas coxas, e seios que o esforçado *crayon* logo fixou no primeiro esboço". Mas o choque das palavras não é imperceptível e, num longo parêntese, insere-se na obra uma dimensão autocrítica: "(Certas palavras neste texto estão se excedendo em suas funções. Não as endossarei de modo algum. [...])". Nesse corte parentético, Leonora aparece com um *corpinho* que nunca foi observado por Nélida: "nunca a surpreendi no ato de levantar a barra da saia, ou dispensar acalorada o corpinho, para que lhe vissem os seios de africana do norte, empinados e sólidos. Jamais fui ao seu encalço, quando de suas íntimas lavagens". Ressurge ainda aqui a decisão de não descrever, apesar do "leitor que demanda um corpo real em suas leituras". Nélida sugere-lhe então "o prazer de criar seu próprio modelo de carne e sangue".[22] Já que

> de propósito, quis privar-me de um conhecimento que se volatiliza na transcrição. Sempre, aliás, ignorei os detalhes com que realmente contamos para erguer um corpo, dar-lhe credibilidade e sujeitá-lo ao amor. Não é com simples sugestões que se inventa um corpo a arder entre nossas falanges, a fornecer-nos intenso sobressalto.[23]

Observe-se que agora é o corpo que arde entre os dedos, enquanto, anteriormente, na referência que fiz ao trabalho literário, eram *os dedos em chamas* que criavam um texto novo. No fogo da criação, da imaginação, da paixão, a realidade, que comporta "inúmeras versões de si mesma", entra em fricção com o texto (fricção/ficção), gerando inquietação. E retornamos a mais uma pergunta, lucidamente dolorosa: "terei acaso o direito de preencher os vazios de uma narrativa com a liturgia da mentira?".[24]

---

[21] Piñon, 1980:60.
[22] Ibid., p. 59-60.
[23] Ibid.
[24] Ibid., p. 13, 51.

Liturgia do texto, liturgia da ópera. Numa narrativa retrospectiva e ligada à vivência carioca de Nélida, as vozes mitológicas das duas divas se apresentam ritualmente diante de nós. A grande Renata Tebaldi, que ela ouviu no Teatro Municipal do Rio, vem cantar no texto: "Venceu unicamente porque fabricava liturgias num picadeiro". Foi a célebre cantora lírica que introduziu Nélida adolescente na ópera, aos 14 anos: "Quiseram a emoção e a minha história que fosse pela *A força do destino*. Em vez da *Traviata*, ou mesmo *Tosca*".[25] Lembremos aqui que Verdi compôs 28 óperas e que *La forza del destino* foi sua vigésima quarta composição, na ordem cronológica. Por outro lado, a obra de Kobbé já citada apresenta atualmente 402 óperas de uma quinzena de países. Portanto, poderia ter sido qualquer outra ópera, como *La Traviata*, por exemplo, criada em 1853 em La Fenice de Veneza, e que faz parte da trilogia considerada a mais popular de Verdi, juntamente com o *Rigoletto* (criada no Fenice de Veneza em 1851) e *Il Trovatore* (que estreou no Teatro Apollo, de Roma, em 1853). Ou poderia ter sido também a referida *Tosca*, de Puccini (criada em 1900, no Teatro Costanzi, de Roma). Mas foi *La forza del destino*, de Verdi, que, apesar de ser extremamente difundida na Itália, demorou a ser conhecida na América.[26] Por conseguinte, como o primeiro encontro de Nélida com a ópera se deu através de Tebaldi, com "aquela *A força do destino*, de fusos horários e afetivos tão distantes",[27] ele foi predeterminado, pelo menos em parte, pela história pessoal da própria autora.[28]

A iniciação ao ritual da ópera tem suas exigências próprias. Para que a jovem Nélida apreendesse a arte de Tebaldi, que "cobrava devoção, (...) havia regras e vigílias que vencer". Mas para criar "vínculos de ferro que resistissem ao tempo", toda a delicadeza vocal fazia-se necessária nessa obra

---

[25] Piñon, 1980:46, 45.
[26] A tal ponto que nem foi apresentada por Kobbé, que faleceu em 1918, mas pelo conde de Harewood, que completou sua obra, cujas edições foram aumentando a partir de 1976. Em seu prefácio, Harewood afirma que *"cet opéra* [était] *retransmis alors presque chaque semaine en Italie"* pelo rádio, nos anos 1930. Mas «*on le connaissait à peine en Amérique à l'époque de la rédaction du livre"*. Ver Kobbé, 1991:i.
[27] Piñon, 1980:48.
[28] Cf. a entrevista já referida de Nélida: *«j'adore la musique, c'est ma passion. Enfant, je passais ma vie au Théâtre Municipal, ici, à Rio, je ne ratais pas un spectacle»*. Cf. Lapouge e Pisa, 1977:215.

do indelével: "Tecia-me a memória com os fios dos seus vocalises, os pianíssimos". Força e suavidade, "tragédia e alegria de viver", os contrastes na percepção do universo entraram em Nélida pela música: "Foi Tebaldi quem me ensinou a rir e chorar ao mesmo tempo".[29]

Maria Callas, a mais célebre trágica do mundo da ópera, não podia faltar no texto. Apresenta-se também no Teatro Municipal do Rio, cujo público se divide então *em duas vertentes*: entre "o trágico amor de Callas, e os doces sentimentos de Tebaldi", entre o "sangue vivo, sua viva mancha na parede" e os "cristais". Difícil escolha na qual Nélida se "solidarizava (...) com aquele esqueleto de som e urgência vocal". Talvez por isso suas observações sobre Callas nos deixem a mais forte impressão:

> A tragédia de Callas localizava-se precisamente em sua voz, um aparelho que purgava a própria vida com sofrimento. Nela os sentimentos eram gregos, com o leve retoque de dois mil anos.[30]

Extremamente sensível ao desempenho da voz, introjetando-se no corpo de Tebaldi — "para me fazer crer que cantava através da minha garganta adolescente" —, Nélida percorre cedo o mundo operístico, essa "terra do imaginário". E "o teatro convertia-se em leito e sepultura, onde buscava correspondência para toda experiência humana". Aí a tragédia dos "heróis do palco" se mistura "à gordura dos intérpretes, à encenação poeirenta, ao coro dos velhos coadjuvantes (...), [com] a melancolia a boiar-lhes nos olhos, [sob] as luzes do palco [ou] nos camarins". É toda uma percepção do espaço da ópera que ressurge na memória musical em que sala e palco se respondem nessas histórias de amor e morte e na qual, diz Nélida, "prolongávamos emoções iniciadas há séculos, sucedíamos a um passado anterior a nós". E essas impressões iniciais da jovem Nélida permanecem em seu *corpo narrador*, que, num trabalho de Penélope, ou como Ulisses, "tece uma respiração ajustada a um sistema de ar mediante o qual componho notas musicais e espasmos".[31]

Em sua obra, Nélida segue de perto o libreto da ópera *La forza del destino* e o transforma a cada passo, enxertando-o com a invenção de um

---

[29] Piñon, 1980:47, 46.
[30] Ibid., p. 45.
[31] Ibid., p. 46, 47, 46, 19.

cotidiano: "pouco valem os feitos de Leonora, quando a nós, e unicamente a nós, cabe inventar-lhe uma vida, propor-lhe o cotidiano". Mas às vezes a fidelidade é tal que trechos inteiros em italiano são transcritos, como por exemplo no diálogo entre frei Melitone e Leonora, que constitui o começo da *Scena Sesta* do *Atto Secondo* de Verdi.[32] Além de constituir um fragmento da ópera, por essa brecha entram a musicalidade do italiano, a fascinação da língua "exótica". A escolha do trecho é importante, pois essa segunda parte é muito dinâmica na ópera. Ela assinala precisamente o início da metamorfose de Leonora, que tenta fugir da morte e, disfarçada de homem, chega à noite a um convento, seu último refúgio. Ela é perseguida pela presença onipotente do destino, que liga os diferentes temas musicais de Verdi. A voz ampla da protagonista revela sua personalidade e oscila entre o impulso da esperança e a recaída na inquietação. Sobre esse momento, Gilles de Van, especialista de Verdi, afirma: *"le destin n'est plus ici une force aveugle mais un tourment intérieur. L'ampleur de la ligne vocale s'oppose à la fébrilité de l'accompagnement et illustre le contraste entre l'angoisse et l'aspiration à la paix"*.[33]

Mas o texto de Nélida é marcado pela descontinuidade, e lamina a seqüência do libreto em inúmeras ocasiões, seja ele transcrito em italiano, traduzido em português ou livremente recriado pela autora. Assim, por exemplo, o enredo do segundo ato da ópera é retomado pela "cronista" só 13 páginas mais adiante, numa referência ao temor de Leonora de não ser ouvida pelo abade no convento. E a transcrição do libreto em italiano só retorna depois, precedida da tradução de um verso em português: "Sou uma mulher! (...) *Una dona a quest'ora... gran Dio!*" [sic].[34]

Mais uma vez a escolha do trecho é extremamente pertinente, pois o dueto de Leonora e do padre Guardiano, que se introduz com esses versos na ópera, é considerado um dos mais comoventes e mais elaborados compostos por Verdi.[35] Aqui se confrontam um personagem masculino e Leonora, que, com grande mobilidade, evolui ao longo do dueto, passando do abatimento à esperança de chegar ao fim de seu sofrimento.

---

[32] Piñon, 1980:74, 54.
[33] Comentário literário e musical de Gilles de Van sobre *La forza del destino*, em *L'Avant-Scène Opéra* (1989:61).
[34] Cf. Piñon, 1980:67, 68.
[35] *L'Avant-Scène Opéra*, 1989:61.

A apresentação que Leonora faz de si mesma ao religioso, sob a influência maléfica do destino, manifesta uma profunda "desvalorização verbal" da mulher. Ela corresponde, no texto de Nélida, a uma tradução livre para o português dos versos de Piave: "infeliz, desorientada, uma rejeitada da terra, amaldiçoada pelo céu, eis-me aqui prostrada aos vossos pés pedindo piedade, o caminho da salvação".[36]

A descontinuidade se manifesta em inúmeros outros aspectos que não cabe estudar aqui. É através de cortes que o enredo do livro se desterritorializa, se dissemina[37] por Espanha, Itália, França e Brasil (Sevilha, Hornachuelos, a "remota Galícia, verde e povoada de lendas",[38] Barcelona, Madri, Marbella, Velletri, Paris e Rio). Passado e presente, em suma, Saavedra-Piave-Verdi e Nélida se fundem em *A força do destino*.[39] Assim, com um espírito de grande liberdade, Leonora sai da visão redutora da musicografia e arde pelas mãos de Nélida. Carlos imagina que ela "ergueu a espada contra o progenitor, em defesa da concupiscência, da liberdade de sambar com as ancas desarticuladas".[40] Provocante, sambando, Leonora adquire essa nova faceta nos fantasmas do seu próprio irmão, e o texto reveste ao mesmo tempo o aspecto intercultural[41] e os clichês do imaginário étnico relativo ao Brasil. Por outro lado, evidencia-se aqui a transgressão da rígida hierarquia dos gêneros, dos critérios dogmáticos da ópera. Partindo de Verdi, chega-se ao samba, que faz desse modo uma irrupção inesperada no contexto cultural de origem, mas perfeitamente lógica em *A força do*

---

[36] Piñon, 1980:68-69. Cf. o libreto: "*Infelice, delusa, reietta/ Dalla terra e dal ciel maledetta,/ Che nel pianto prostratavi al piede,/ Di sottrarla all'inferno vi chiede*". Ver, por exemplo, Cabourg, 1990:847.

[37] Utilizei esses termos no sentido proposto por Pierre Bourdieu e Jacques Derrida.

[38] Piñon, 1980:53.

[39] Cf. a entrevista de Nélida já citada: "*je suis Brésilienne et j'éprouve le poids d'héritages contraires — ainsi une certaine vision du monde qui me vient, par mon père et mon grand-père, de l'Espagne — jusqu'à me sentir parfois absolument contemporaine et parfois une femme d'une autre époque. Cela me fascine de penser que je peux circuler entre ces deux dimensions, le présent et un lointain passé, encore que je puisse toujours mettre en question ces deux notions et les faire fusionner. (...) Cette composante en moi, due à l'émigration, me dynamise, me stimule beaucoup, je me sens une femme à cheval à la fois sur deux époques et sur deux continents, ce qui est propre au Brésil et ce qui appartient à l'Espagne.* Ver Lapouge e Pisa, 1977:213-214.

[40] Piñon, 1980:45.

[41] Cf. Todorov, 1997:149: "*l'identité naît de la (prise de conscience de la) différence; de plus, une culture n'évolue que par ses contacts: l'interculturel est constitutif du culturel*".

destino. E isso acontece exatamente no momento crucial em que Carlos parte para vingar a morte do pai e abater sua irmã e Álvaro, que ele julga "assassinos". Saliente-se que se trata de uma decisão essencial para o desenrolar da tensão dramática da ópera, pois ela precipita Leonora na fuga permanente e submete todos os personagens à força do destino.

Mas, como se já não bastasse a grande audácia desse trecho de Nélida, que deixaria perplexos os puristas da ópera, logo em seguida a esse nó dramático lemos a seguinte frase, que finaliza a fala de Carlos: "Abram alas que eu quero passar".[42] Nesse processo dialógico que se agudiza no decorrer da obra, o leitor brasileiro vê imediatamente confirmado aqui o contexto carnavalesco, ao recordar-se da célebre marcha *Ó abre alas* ("Ó abre alas/ Que eu quero passar"), criada por Chiquinha Gonzaga em 1899 e que faz parte dos primeiros e logo famosos desfiles de carnaval no Brasil. Trata-se aqui de uma música "declaradamente inspirada na cadência que os negros imprimiam à passeata, enquanto desfilavam cantando suas músicas 'bárbaras'". E essa marcha,

> para se vulgarizar, teria que esperar pelo menos 20 anos, até que os ranchos carnavalescos — numa curiosa trajetória de ascensão social — deixassem de ser coisa exclusiva de negros para admitir a mestiçagem e o semi-eruditismo de músicos que os transformariam em verdadeiras orquestras ambulantes.[43]

Convém lembrar que a música popular e a erudita já se misturavam no Brasil desde o começo da história do carnaval de rua, pois essas mesmas orquestras de ranchos também incorporavam "'peças difíceis' (trechos de óperas e canções italianas, principalmente)". Assim, os ranchos "tiveram a ingenuidade de apresentar-se durante anos pelas ruas ao som de trechos de óperas, cantados pelos seus esforçados componentes a duas e três vozes".[44]

A inclusão do diapasão carioca na obra de Nélida reforça ainda mais seu ecletismo. E o processo de apropriação/mutação, inerente às transfe-

---

[42] Piñon, 1980:45.
[43] Tinhorão, 1976:115.
[44] Ibid., p. 117 e 131.

rências culturais e que alimenta o seu texto, reflete uma visão não-seletiva e vivificante do "entre-dois"[45] já contida nos próprios rumos da história multicultural do Brasil. Realizando um verdadeiro trabalho semiótico da música, dando-lhe corpo e pulsão, esse texto novo nos interroga e rompe com a representação tradicional da ópera. Apresentando registros insólitos, outro fraseado, que desfila em outra pauta, ele mergulha o leitor numa complexidade musical em que já não há mais ópera nem samba, mas o texto de Nélida atravessando culturas, livre, com a sua própria música: a música em Nélida, a música de Nélida.

Referências bibliográficas

CABOURG, Jean (Dir.). *Guide des opéras de Verdi — livrets, analyses, discographies*. Paris: Fayard, 1990.

CLÉMENT, Catherine. *L'opéra ou la défaite des femmes*. Paris: Grasset, 1979.

DERRIDA, Jacques. *La dissémination*. Paris: Seuil, 1972.

D'ORMESSON, Antoine. *La petite encyclopédie de la musique*. Paris: Jean-Cyrille Godefroy, 1983.

KOBBÉ, Gustave. *Tout l'opéra*. Paris: Robert Laffont, 1991.

LAPOUGE, Maryvonne; PISA, Clélia. *Brasileiras — voix, écrits du Brésil*. Paris: Des Femmes, 1977.

L'AVANT-SCENE OPÉRA, n. 126, p. 33-108, Déc. 1989.

PINÓN, Nélida. *A força do destino*. [1978] 2. ed. Rio de Janeiro: Nova Fronteira, 1980.

SIBONY, Daniel. *Entre deux — l'origine en partage*. Paris: Seuil, 1991.

TINHORÃO, José Ramos. *Pequena história da música popular; da modinha à canção de protesto*. 2. ed. Petrópolis: Vozes, 1976.

TODOROV, Tzvetan. *Les morales de l'histoire*. Paris: Hachette, 1997.

TRANCHEFORT, François-René. *L'opéra*. Paris: Seuil, 1983.

---

[45] Ver Sibony, 1991:26: *"l'entre-deux apparaît comme pouvant être franchi ou déplacé ou transféré. D'où l'importance de thèmes tels que le déplacement, le voyage (...), un voyage magique entre soi et son origine".*

Parte IV

Extra e Intraterritorialização Cultural

7

IMPORTAÇÃO E APROPRIAÇÃO DE DOUTRINAS: O REPUBLICANISMO NO BRASIL DO SÉCULO XIX ATRAVÉS DO EXEMPLO DE CIPRIANO BARATA

*Renato Lopes Leite**

A questão da circulação de idéias

A influência da noção de "república" no Brasil do século XIX foi tratada como tema marginal, talvez devido ao fato de o país ter-se tornado uma monarquia após a desagregação do império luso-brasileiro, que encerrou os 300 anos de domínio colonial português. Como se sabe, o fato histórico conhecido por "Independência" do Brasil (7 de setembro de 1822) é tributário da circulação das idéias do final do século XVIII e início do XIX: mas, apesar de ocorrer no contexto das revoluções norte-americana e francesa, e das guerras napoleônicas, o divórcio separatista foi, contraditoriamente, coordenado pelo príncipe regente. Daí a conclusão relativamente óbvia dos motivos da opção pelo regime de governo monarquista no Brasil, que duraria até 15 de novembro de 1889.

Quando a república tardiamente foi implementada no Brasil, após quase 70 anos de uma monarquia cercada por repúblicas de caudilhos, a linguagem radical do republicanismo, que permeou a época moderna, já se havia dissipado. A república no Brasil foi, assim, caracterizada por sucessivos governos autocráticos, uma continuidade da exclusão político-social e do caudilhismo eleitoral que já existiam desde o império.[1]

---

* Da Universidade Federal do Paraná.
[1] Carvalho, 1993:51-80.

A linguagem da virtude republicana que permeou o final do século XVIII, típica das revoluções norte-americana e francesa,[2] por exemplo, não apareceu no Brasil do final do século XIX. Recentemente tem-se procurado destacar a linguagem da virtude republicana no Brasil do início do século XIX, no momento do surgimento da nova nação com a "Independência", a construção da ordem monárquico-imperial, através de lutas políticas, uma Assembléia Constituinte (1823) e uma insurreição armada no norte do país (1824).

O objetivo desta reflexão é, a partir de alguns textos do deputado radical e jornalista republicano Cipriano José Barata de Almeida, salientar a influência que os debates da revolução pela independência dos Estados Unidos exerceram sobre a formulação do republicanismo de Cipriano Barata. O foco na circulação de idéias, que norteia este livro, é pensado a partir dos recentes debates acerca da história intelectual e cultural, propondo este capítulo aproximar noções como tradição (John Pocock) e apropriação (Roger Chartier), o que compreende ainda a adaptação das idéias importadas ao novo contexto.

Essa questão das transferências intelectuais na independência do Brasil é tema de alguns dos trabalhos mais recentes da historiografia. O trabalho de Lúcia Neves, por exemplo, inovou na tentativa de mostrar que a matriz da cultura política da independência é uma Ilustração portuguesa de base religiosa, que influenciou a geração dos atores da independência e do império, pois tal elite foi formada pela Universidade de Coimbra.[3] Mas é possível pensar também sobre a difusão de um vocabulário proveniente de outros contextos intelectuais, como os da França revolucionária, ou os das guerras napoleônicas na península Ibérica, ou os da independência dos Estados Unidos, ou ainda os da Grã-Bretanha (a "Ilustração escocesa",[4] por exemplo).

---

[2] Cf. Jordan, 2004; e também Waresquiel, 2004. No caso da Revolução Norte-americana, há vívido debate entre uma historiografia crítica (multiculturalista e antiescravista) aos "pais fundadores", fortemente influenciada pelo pós-modernismo, e a defesa dos valores republicanos por uma historiografia contextualista.

[3] Cf. Neves, 2002, v. 1, p. 15-164. Para uma crítica à historiografia liberal e sua construção da independência enquanto consolidação do Estado nacional, ver Barman, 1988. Para uma análise recente das concepções ideológicas da Confederação do Equador, ver Mello, 2004.

[4] Como ressalta John Pocock, a ameaça jacobita, desde 1689, e a invasão da Escócia por Carlos Eduardo em 1745/46 serviram como uma revelação para os jovens clérigos escoceses. Com a derrota de Carlos Eduardo, esses moderados de Edimburgo passaram a advogar a renovação

Idéias e contexto

Um caminho pouco explorado para se pensar a difusão do republicanismo no Brasil do início do século XIX seria o que permite observar o uso e o significado de noções como virtude, contrato ou antimonarquismo (no sentido de crítica à tirania). Tais conceitos, habituais na retórica da liberdade republicana de Cipriano Barata, talvez o aproximem da tradição do republicanismo cívico e humanista.[5] Uma evidência disso é que Cipriano lança mão de autores dessa tradição republicana, como Cícero, Rousseau e Montesquieu,[6] para sustentar a noção de virtude como devoção ao bem público. Ou seja, apesar de citar também autores de outras tradições, como Virgílio, Monsieur de Tracy, Raynal, Bartolomeu de las Casas, Camões, Garção, Gregório de Matos, Napoleão Bonaparte, e a Bíblia, o traço típico da retórica de Cipriano talvez o aproxime do republicanismo cívico-humanista.

Cipriano foi tipificado pela historiografia com vários rótulos: desde bizarro monarquista,[7] liberal radical,[8] liberal "exaltado",[9] até conservador.[10] Essa diversidade nas interpretações da historiografia sugere menos erros de leitura que diferentes contextos e sentidos[11] na escrita do polêmico jornalista baiano. Um exemplo disso é que seu principal texto, a gazeta *Sentinela da Liberdade*, foi redigido em dois momentos distintos: em 1823 e, depois, entre 1830 e 1836. Ou seja, sendo escrita em dois momentos de contextos

---

da cultura escocesa através da virtude cívica guerreira. Esse "Iluminismo escocês", com autores como David Hume, representa uma vertente do republicanismo cívico humanista, cuja linguagem influenciaria, a partir de 1760, os ideólogos da revolução pela independência norte-americana. Cf. Pocock, 2003:324-329; e também Pocock, 1975:462-551.

[5] "Ao falar de republicanismo, me refiro a larga tradição republicana — e em realidade, a ampla tradição republicana — que chegou a converter-se em foco principal de interesse de uma recente escola de historiografia acadêmica": a chamada Escola de Cambridge de Quentin Skinner e John Pocock. Cf. Pet'it, 1999:39.

[6] Lopes, 2003.

[7] Hélio Vianna (1945:461-462) classifica Cipriano como gentil e generoso monarquista.

[8] Montenegro, 1978:142-144. Trata-se de uma análise comparativa entre Cipriano Barata e frei Caneca.

[9] Morel, 2001:31, 36, 73, 80 e 120.

[10] Sobre o racismo de frei Caneca e o conservadorismo áulico de Cipriano Barata, ver Hollanda, 1978:16 e 17; e também Hollanda, 1976, t. I, v. 1, p. 14; e Carvalho, 1989:46.

[11] Sobre o problema do sentido da ciência da história, ver Rüsen, 2005; e também Lopes, 2005.

tão diversos, a retórica da liberdade republicana de Cipriano sofre uma inflexão entre o primeiro e o segundo período.

No primeiro período (1823), sob ameaças do jovem e impetuoso imperador, Cipriano usa tropos e metáforas em sua escrita e evita o vocabulário do republicanismo: não defende, pois, a república livre. Opta por uma retórica da liberdade na qual sobressai um forte antimonarquismo, por meio de insistentes denúncias da tirania do "ministério" do imperador Pedro I.

No segundo período (1830-36), após sua saída da prisão (à qual voltaria) e a queda do imperador d. Pedro I, Cipriano sustenta a superioridade do governo republicano.

No primeiro período, o conceito de liberdade é difundido por uma retórica radical, áspera e violenta, mas a noção de república é atenuada mediante a defesa do governo misto, ou de um "governo federativo representativo". Já no segundo momento, ele ressalta as vantagens da liberdade para a grandeza da república.

Essa inflexão da retórica da liberdade de Cipriano Barata sugere que os republicanos de 1824, motivados pelo confronto e pela disputa entre Portugal e Brasil, em 1822, pela sede do império *luso-brasileiro*, optam por defender a permanência do príncipe Pedro no Brasil e, conseqüentemente, acabam por apoiar um regime monarquista, ainda que constitucional.[12] Ou seja, um ano depois independência, Cipriano e outros ideólogos do republicanismo se aproveitam do confronto entre o imperador e a Assembléia Constituinte e usam a retórica do republicanismo para exigir uma limitação radical do poder do imperador pela assembléia. Apesar disso, não se faz propaganda da república livre.

Já no segundo período, a linguagem francamente republicana de Cipriano parece refletir a mudança de contexto do período posterior à Federação do Equador,[13] quando o poder imperial passou a ser criticado como excessivo. Por exemplo: o último número conhecido do periódico *Sentinela da Liberdade*, datado de 26 setembro de 1836, é inteiramente dedicado ao tema do governo republicano. Apesar de escrito no período regencial,

---

[12] Ver a respeito Lopes, 2000, esp. p. 298-308.
[13] Barata, 1836:197.

Cipriano Barata diz que tal texto é apenas a anotação de um sonho. Ou seja, ele insiste que essa defesa da superioridade da república livre surgiu enquanto ele dormia, porque "da minha parte não me meto com opiniões; meu sistema é seguir e obedecer as leis".[14]

Parece lógico concluir que a república livre constitui o "sonho" utópico de Cipriano Barata. Mas é possível pensar também que o recurso ao sonho seja um álibi, no caso de eventual acusação de subversão. Apesar de procurar atenuar suas palavras, Cipriano permaneceu mais de 10 anos no cárcere. Mas, nesse "sonho", publicado no último número conhecido de sua gazeta, de 1836, Cipriano Barata confronta monarquia e república e diz preferir a república, porque nela existe virtude. Na monarquia, ao contrário, predominaria o vício e a escravidão. A monarquia seria inferior devido a sua corrupção, desigualdade e hierarquia social. Cipriano ironiza, por exemplo, a "aristocracia de toda casta" dos "chimangos", que ajoelham e "lisonjeiam o poder, oprimem e roubam o povo impunemente".[15]

Cipriano não declara apenas sua preferência pelo governo republicano; procura demonstrar a superioridade deste, dada a sua maior igualdade. Em sua retórica surgem ainda elementos típicos do republicanismo cívico e humanista, como a noção de virtude no sentido de devoção ao bem público:

> Conhece-se também a grande desigualdade dos homens nas monarquias, e grande igualdade nas Repúblicas, onde ninguém tem a audácia de se dizer distinto por um chamado foro, pela insígnia de um hábito ou fita mágica que dá honra, merecimentos, sabedoria, virtudes, e tudo.[16]

Para Cipriano, a eqüidade da república não está dissociada da noção de liberdade. Ao identificar, por exemplo, a aristocracia de um governo monárquico, nota que tal classe não se compara à aristocracia dos "governos republicanos, [os] únicos que podem fazer os homens felizes e livres neste mundo (...); digo felizes e livres, porque a felicidade é irmã da Liberdade, e nem pode existir uma sem a outra".[17]

---

[14] Barata, 1836:196.
[15] Ibid., p. 192.
[16] Ibid., p. 196.
[17] Ibid., p. 193.

Cipriano divide a aristocracia existente em uma república em três grupos: os ricos, os sábios e os empregados da burocracia republicana. A ausência de liberdade no regime monárquico é sublinhada, por exemplo, quando Cipriano analisa a aristocracia de sábios da república. Ele diz que "nas monarquias não há verdadeiros sábios, pois a filosofia não abraça a escravidão".[18]

Para Cipriano, ainda que na república exista uma rica aristocracia, isso não contraria a eqüidade desse regime. Para ele, poderia existir uma lei de divisão de renda para minimizar "a influência dos ricos sobre os pobres, e conserva[r] o equilíbrio entre as famílias e os homens, triunfando a liberdade". Além disso, a aristocracia dos ricos não

> ofende a moralidade nem a liberdade, nem a igualdade nas Repúblicas; porque tendo nelas grande força as leis e a responsabilidade, todos se contêm no círculo dos seus deveres, e nenhum ataca os direitos do povo (o que não acontece nas monarquias, onde tudo é pelo avesso).[19]

Já na monarquia, onde predomina "a desigualdade, e o servilismo", está ausente a liberdade que caracteriza o governo republicano:

> Porventura não está claro que os governos das monarquias são inferiores aos das repúblicas, onde se trabalha por evitar a que escolhos ou penedos em que naufraga a liberdade? Todas estas coisas se devem ponderar, pesando bem os interesses da pátria, e o bem comum, a segurança individual, e a liberdade do povo. (...) Concluindo-se que as monarquias nunca podem felicitar os povos como as repúblicas: ao menos de direito é o que se oferece.[20]

Ao analisar a classe da aristocracia dos empregados da república, sobressai a palavra *virtude*:

> Tais empregados não formam classe, nem ordem particular: nas Repúblicas não há classe de nobre sobre o povo; não há títulos nem pergaminhos de

---

[18] Barata, 1836:195.
[19] Ibid., p. 194.
[20] Ibid., p. 194-195.

ordem superior privilegiada que dura independente de tudo; na República todos são cidadãos úteis, cada um por seu modo, e só prevalecem os bons serviços, os merecimentos e *virtudes*; nas monarquias só impera a vontade dos déspotas, e de seus válidos; o povo é olhado como manada d'escravos de serviço; (...) *nas Repúblicas há bem público*, há direitos e garantias do povo, há responsabilidade geral; nas monarquias só há o bem dos reis e seus arbítrios; o povo é escravo; os grandes, os magistrados, e outros empregados são irresponsáveis; e enfim nas *repúblicas existe pátria e virtudes*; nas monarquias só há escravidão, vícios, e crimes etc.[21]

Ora, note-se que a virtude, conceito que Cipriano usa com freqüência, é empregada como "amor da pátria", ou seja, no sentido de devoção ao bem público, característico do republicanismo cívico e humanista.

Apropriação e retórica

Nessa tradição, virtude é um conceito que adquire vários sentidos. Para os primeiros humanistas florentinos, por exemplo, significava a coragem de pegar em armas, o oposto de efeminado. Mas podia ser entendida também como "a única verdadeira nobreza" na "conduta dos negócios públicos".[22]

Também Maquiavel emprega *virtù* no sentido de coragem. Mas ele fala da *virtù* que se exerce no terreno da liberdade, ou a ação em sociedade que respeita as leis.[23] Apesar disso, até o século XVII sobressaiu o sentido romano-maquiaveliano de coragem de pegar em armas. A partir de 1760, porém, os teólogos escoceses passaram a criticar a idéia de pegar em armas e a defender a virtude no sentido de criticar a corrupção do governo de Jorge III. Vê-se, pois, que:

> Tal como foi desenvolvida no vocabulário republicano, a palavra parece ter assumido vários sentidos adicionais. Poderia significar uma devoção ao bem público. Poderia significar a prática, ou as precondições para a

---

[21] Barata, 1836:195-196, grifos meus.
[22] Skinner, 1996:97, 102, 108-109. Skinner diferencia a virtude cristã (bondade, justiça) dos humanistas da *virtù* de Maquiavel. Cf. Skinner, 1996:203, 205.
[23] Cf. Bignotto, 1991:110.

prática, de relações de igualdade entre cidadãos envolvidos no governar e ser governados. E, por fim, visto que a cidadania era, acima de tudo, um modo de ação e de prática da vida ativa, poderia significar aquela qualidade de comando ativo — praticada nas repúblicas por cidadãos iguais entre si e dedicados ao bem público — (...)".[24]

Essa noção de vida ativa era entendida por Cícero como o bem público, os valores para "bem servir nosso país", as lutas contra a corrupção e a tirania, lutas que proporcionam honra e glória para o país e para nós mesmos.[25]

Pode-se pensar, por fim, que a virtude, para Cipriano Barata, adquiria muitas vezes o sentido de coragem cívica e, eventualmente, o significado de pegar em armas. Mas o sentido mais forte para a palavra talvez seja a devoção ao bem público, fato que talvez se explique pelas transferências conceituais a partir da revolução pela independência dos Estados Unidos. Note-se que o "sonho" de Cipriano sublinha a superioridade da república livre. Para tanto, ele parece recorrer à linguagem do republicanismo cívico-humanista.

Outra forma de se referir ao republicanismo é exemplificada pela gazeta *Sentinela da Liberdade*, de janeiro de 1832. Antes de ser transferido dos cárceres do Rio de Janeiro para os de Salvador, Cipriano fornece uma pista sobre sua acepção de republicanismo ao se referir à "política traidora da Europa, que maquina subjugar-nos, destruindo o sistema americano que mais nos convém etc.".[26]

Essa frase é reveladora das origens intelectuais da liberdade republicana de Cipriano Barata. Quando ele diz "o sistema americano que mais nos convém" não se refere apenas ao fascínio que o governo republicano dos Estados Unidos exerce. Há uma outra característica do republicanismo norte-americano muito explorada por Cipriano: o federalismo. Esse

---

[24] Ver Pocock, 2003:351, 376, 88. Ele ainda alertava que a virtude não pode ser reduzida à questão do direito. As leis de uma república — as leis obedecidas pela *virtu politique* de Montesquieu — eram menos resolução de conflitos e mais "ordens". Conforme a máxima de Harrington: "Boas ordens tornam homens maus em bons, e más ordens tornam homens bons em maus". Apud Pocock, 2003:90.
[25] Cf. Skinner, 1988:15-16; ver também Bignotto, 1991:22.
[26] Barata, 1832:233.

elemento aparece tanto nos textos da década de 1830 quanto da primeira fase da gazeta *Sentinela da Liberdade*, em 1823. Trata-se de algo verdadeiramente essencial na retórica de Cipriano, uma vez que ele pensa o federalismo como um princípio que pode ser integrado ao governo monárquico (o *império federativo*). A seguir, pode-se observar que, nos textos da primeira fase de sua gazeta, Cipriano lançava mão da noção de federalismo (a "Constituição do Império do Brasil é representativa federativa").[27] É provável que o recurso ao termo "federalismo" ocorra porque a palavra "república" tivesse adquirido/possuísse um significado extremamente negativo depois da Revolução Francesa: era sinônimo de revolução, jacobinismo, guilhotina, sangue e terror da República do Ano II.[28]

Vejamos, portanto, nos textos da década de 1820 (primeira fase da gazeta), alguns sentidos da palavra "república" para, em seguida, observar o sentido do "império federativo" de Cipriano Barata.

O primeiro número do periódico *Sentinela da Liberdade* é de 23 de abril de 1823. Nessa primeira fase da gazeta, a palavra "república" aparece com freqüência para identificar os adversários do monarca. Ou seja, Cipriano afirma que o governo manipula o termo república para silenciar a oposição. "A injúria da moda" é rotular os críticos do governo de republicanismo, diz Cipriano. Como ele é acusado pelos adversários de ser carbonário, maçom, pedreiro-livre, jacobino, revolucionário e republicano, vê-se constrangido e rejeita tais rótulos acusatórios. Vejamos alguns exemplos.

Em 21 de maio de 1823, Cipriano denuncia a prisão de jornalistas no Rio de Janeiro que, como João Soares Lisboa, autor do *Correio do Rio de Janeiro*,[29] redigiam suas gazetas da cadeia. Ele diz que as províncias estavam assustadas "com a perseguição dos liberais debaixo do falso pretexto e nome de Carbonários e Republicanos, que são indiferentes".[30]

Ou seja, para Cipriano Barata, a corte difundia fofocas sobre "temas delicados", como os limites do Poder Executivo, que alguns deputados da Assembléia Constituinte pensavam incluir na Constituição. Discutia-

---

[27] Barata, 1823a:265.
[28] Cf. Agulhon, 1991:36.
[29] Ver Lopes, 2002. Para uma análise de como a independência foi vista pelos jornais de João Soares Lisboa e Cipriano Barata, mas sem o uso do conceito república, ver Lustosa, 2001.
[30] Barata, 1823b:57.

se, por exemplo, a restrição às intenções do imperador de dirigir a força armada, vetar e criar leis, e ainda a existência de um Legislativo unicameral. Como nota Cipriano, os defensores dessas restrições eram designados pejorativamente com o termo "republicano" pela esfera pública literária governista.[31] É importante não perder de vista que foram tais divergências que justificaram a dissolução da Assembléia Constituinte, sendo uma delas a má vontade em aprovar o veto absoluto, argumento utilizado pelo imperador para encerrar os trabalhos constitucionais. Outro detalhe é que são temas como esses que aparecem no debate de ratificação da Constituição dos Estados Unidos. Cipriano Barata e seus amigos republicanos de Pernambuco talvez se aproximassem das teses confederacionistas, mais radicais que as federalistas. Como os antifederalistas norte-americanos, Cipriano Barata e frei Caneca, por exemplo, associavam um poder central forte no Rio de Janeiro como indício de corrupção do governo e tirania.[32]

Mas, ainda nesse mês de maio de 1823, Cipriano refere-se longamente às inúmeras prisões feitas no Rio de Janeiro sob a suspeita de republicanismo. Denuncia o degredo do padre Januário e de Nóbrega, e a prisão até de deputados da Assembléia Constituinte. Cita os exemplos do:

> fugitivo deputado Joaquim Gonçalves Ledo com o [deputado] do Ceará Grande Pedro Jozé Costa Barros que ainda se acha habitando as tenebrosas abóbadas de uma Fortaleza, com outros companheiros que não são deputados, posto que gente de bem.[33]

---

[31] Quando Habermas analisa a estrutura básica da esfera pública burguesa, no século XVIII, nota que a esfera pública política surge da esfera pública literária (clubes, imprensa). Nas palavras de Habermas (1984:46): "A esfera pública política provém da literária; ela intermedia, através da opinião pública, o Estado e as necessidades da sociedade". Ou seja, a conversação, o debate, é a principal característica/significado de categorias como "público", "opinião pública" e "esfera pública literária". Para uma aplicação desse conceito ao Brasil, ver Neves, 1995:130-134. Para uma revisão desse conceito, ver Burke, 2002.

[32] Como observa Pocock, no século XVIII ressurgiu o paradigma da virtude e da corrupção. Ou seja, para o pensamento político inglês que influenciaria a revolução de independência norte-americana, a questão, entre 1688 e 1776 (e depois), não era saber se a oposição a um mau governo é legítima. Mas se um regime fundado no direito de nomeação de cargos públicos não corromperia tanto governantes quanto governados. Ver Pocock, 2003:96. E, para o exemplo dos Estados Unidos, Bailyn, 2003:258, 266.

[33] Barata, 1823c:63.

Neste exemplo, a diferença é que Cipriano admite a simpatia republicana dos perseguidos:

> os ministros do Rio encarcerando um deputado dos nossos e afugentando outro sem motivo plausível, pois a questão é pelo nome de Carbonário, ou Republicanos, que [se] acaso existem são coisas de pensamento, ou opiniões vagas, que não fazem mal.[34]

A preocupação de Cipriano era mostrar que o republicanismo havia se convertido em argumento para incriminar e perseguir. Ou seja, as perseguições a jornalistas como João Soares Lisboa,[35] ao padre Januário, Nóbrega, e aos deputados Ledo e Barros nada mais eram que "maquinações falsas contra Carbonários que se não conhecem; traições contra os liberais debaixo do nome de Republicanos".[36]

Os exemplos de republicanismo entendido como a "injúria da moda" eram inúmeros, até mesmo nas províncias. É esse o caso das notícias sobre a guerra civil na Bahia, nas quais Cipriano informa que o general Labatut prendera oficiais "patriotas" sob o pretexto usual de que "no tempo presente é a calúnia de Republicano, Demagogo, Carbonário, Anarquista etc.".[37] Outro exemplo é o de Pernambuco, onde Cipriano nota que o grupo pedrosista[38] critica os "homens de bem" daquela província através

---

[34] Barata, 1823c:63.
[35] Cf. nota 29.
[36] Barata, 1823c:66.
[37] Barata, 1823d:112, B113.
[38] Referência às agitações que levaram à queda, em Recife, do grupo constitucional de Gervásio Pires Ferreira. Em 1-2 de junho de 1822, 2-3 de agosto e 17 de setembro, batalhões de caçadores liderados pelo capitão Pedro da Silva Pedroso ocuparam as ruas de Recife. O presidente da província, Gervásio Pires Ferreira, demitiu-se em 17 de setembro (governava desde outubro de 1821), sendo substituído pelo chamado "Governo dos Matutos", alusão à manipulação de votos da aristocracia rural. Nessa nova Junta Provisória, Pedroso passou a ocupar o cargo de chefe militar ("Governo das Armas"). Em 8 e 22 de janeiro de 1823, Pedro da Silva Pedroso agitou novamente as tropas. E em 26 de fevereiro patrocinou novo golpe de força. Canhões, postados à porta do Palácio de Governo, fizeram os membros da Junta dos Matutos embrenharem-se pelo "mato, tão ligeiro que não posso dizer qual foi primeiro", ironizaria frei Caneca. Foram sete dias de anarquia. Com a intervenção da Câmara de Recife, Pedroso se demitiu. Retornou o Governo dos Matutos, prendeu Pedro Pedroso, enviando-o para o Rio de Janeiro. Cf. Caneca, 1972, t. 2, p. 467.

do alarde das "injúrias da moda, isto é, com o nome de Republicano". Cipriano acrescenta que tais boatos, que circulavam na imprensa, eram "manobras da moda contra a liberal Constituição que é o nome de República, e Republicano".[39]

Tal constatação evoluiu para denúncias do caráter arbitrário do governo, e que evidenciavam, segundo Cipriano, uma tendência da monarquia constitucional brasileira de metamorfosear-se em tirania. Isso ocorre, por exemplo, quando ele denuncia os "300 infelizes presos" do Rio de Janeiro, uma cidade "horrível e ensangüentada". O governo usa testemunhas falsas "que juram aquilo que os ministros de Estado querem sobre os supostos crimes, de Carbonários, Demagogos, Maçons, Republicanos".[40] A denúncia da corrupção do governo, visto como uma tirania, é mais um traço da linguagem de Cipriano que o aproxima do republicanismo cívico e humanista. "Escravidão" e "despotismo", termos que se contrapõem à noção de liberdade na retórica republicana, são vocábulos de uso freqüente na gazeta *Sentinela da Liberdade*.

A circulação de idéias da ideologia cívico-humanista

Esse é, portanto, o significado que a palavra "república" adquire no ano de 1823. Como o republicanismo passa a ser a "injúria da moda", Cipriano Barata prefere rejeitar esse rótulo e lançar mão do conceito de "governo misto representativo".

Entre outubro e novembro de 1823, Barata critica o "projeto" de Constituição feito pela Assembléia. Ele propõe que se escreva na Constituição que o Brasil é um "império federativo representativo". Ou seja, um "governo frouxo", um "governo misto representativo":

> Governo Federativo Representativo quer dizer Governo de Aliança; Governo de União entre diversas Cidades livres, ou diferentes Províncias, formando um só corpo para bem geral de todas; assim foi o antigo Governo da Grécia, assim é o da Suíça; o dos Estados Unidos da América,

---

[39] Barata, 1823e:60, 61.
[40] Barata, 1823f:127.

e até, para assim dizer, o mesmo Império de Alemanha. A federação ou reunião de diferentes Corpos Políticos, ou Estados, ou Províncias, não tem nada com o título do Chefe do Poder Executivo; ele pode ter o nome de Imperador, Presidente, Príncipe, Defensor perpétuo, ou qualquer outro; porque o nome é indiferente para a representação, e a autoridade de que ele goza.[41]

A teoria da constituição mista é outro tema típico do republicanismo cívico-humanista. Maquiavel, por exemplo, desenvolveu a teoria polibiana dos ciclos inevitáveis de corrupção dos governos, em que todas as repúblicas se degeneram em aristocracia, oligarquia e anarquia:

> Maquiavel acredita, é claro, que esses estágios de corrupção e decadência, embora inevitáveis, possam ser retardados pela instituição de uma forma mista de governo republicano, porque essa permite combinar-se as forças das três formas "puras" de governo sem as respectivas fraquezas.[42]

Para Maquiavel, a república mista "parece ser a forma institucional da liberdade", havendo dois modelos de repúblicas mistas: a república aristocrática (Esparta e Veneza) e a república democrática (Roma).[43]

Já para a geração que viveu a Revolução Inglesa de 1640, a teoria da constituição mista resumia-se ao balanço ou equilíbrio de poder. Os ingleses optaram pela retórica do equilíbrio e da república só porque sua Constituição era um teatro de discórdias. Para eles, a alternativa e oposição ao governo misto era a *fortuna* e a corrupção: e aqui reside a diferença fundamental entre as funções florentinas e inglesas dessa antítese.[44]

Já os norte-americanos, nos debates que antecederam a Declaração de Independência, viam como regime político ideal o governo misto da Inglaterra, "no qual os principais elementos constitutivos da sociedade formavam um equilíbrio autônomo de instituições governamentais".[45]

---

[41] Barata, 1823a:267.
[42] Skinner, 1996:207.
[43] Cf. Bignotto, 1991:81-82, 90-91.
[44] Cf. Pocock, 1975:365.
[45] Bailyn, 2003:249.

Vê-se, pois, que a teoria do governo misto de Cipriano Barata é mais um elemento que o aproxima do republicanismo cívico e humanista.

Considerações finais

Uma história do conceito de república no Brasil suscita um roteiro alternativo para a construção ideológica liberal-conservadora dominante. Mas uma nova interpretação historiográfica do passado não seria a única conseqüência dessa história.

Para se reconstruir uma interpretação do passado através da ótica do conceito de liberdade republicana, seria interessante ter em mente também um tipo de narrativa histórica que representasse a força da mudança (penso aqui na tipologia das narrativas historiográficas proposta por Jörn Rüsen).[46] A questão que proponho para reflexão, portanto, seria: que modelo de república poderia nortear um futuro no qual o não-domínio dos cidadãos funcionasse como freio à corrupção dos governos (em formas de neodespotismo)?

Referências bibliográficas

AGULHON, Maurice. *1848: o aprendizado da República*. Rio de Janeiro: Paz e Terra, 1991.

BAILYN, Bernard. *As origens ideológicas da Revolução Americana*. Bauru: Edusc, 2003.

BARATA, Cipriano. *Sentinela da Liberdade na Guarita de Pernambuco*. Recife, Tipografia de Cav. & Companhia, n. 61, 1 nov. 1823a.

―――. *Sentinela da Liberdade na Guarita de Pernambuco*. Recife, Tipografia de Cav. & Companhia, n. 14, 21 maio 1823b.

―――. *Sentinela da Liberdade na Guarita de Pernambuco*. Recife, Tipografia de Cav. & Companhia, n. 16, 28 maio 1823c.

―――. *Sentinela da Liberdade na Guarita de Pernambuco*. Recife, Tipografia de Cav. & Companhia, n. 27, 5 jul. 1823d.

---

[46] Rüsen, 2005:9-20.

―――. *Sentinela da Liberdade na Guarita de Pernambuco*. Recife, Tipografia de Cav. & Companhia, n. 15, 24 maio 1823e.

―――. *Sentinela da Liberdade na Guarita de Pernambuco*. Recife, Tipografia de Cav. & Companhia, n. 30, 16 jul. 1823f.

―――. *Sentinela da Liberdade. Na guarita do quartel general de Pirajá. Hoje presa na guarita da fragata Niteroi, em o Rio de Janeiro*. Rio de Janeiro, Tipografia de Torres, n. 28, 7 jan. 1832.

―――. *Sentinela da Liberdade*. Recife, M. M. Viana, n. 35, 26 set. 1836.

BARMAN, Roderick J. *Brazil: the forging of a nation, 1798-1852*. Stanford: Stanford University Press, 1988.

BIGNOTTO, Newton. *Maquiavel republicano*. São Paulo: Loyola, 1991.

BURKE, Peter. A esfera pública 40 anos depois. *Folha de S. Paulo*, 24 mar. 2002.

CANECA, frei. O *Typhis Pernambucano*. In. MELLO, Antonio Joaquim de (Org.). *Obras políticas e literárias de frei Joaquim do Amor Divino Caneca*. Recife: Universitária, 1972.

CARVALHO, José Murilo de. Federalismo y centralización en el Imperio brasileño: historia y argumento. In: CARMAGNANI, Marcello (Org.). *Federalismos latinoamericanos: México, Brasil, Argentina*. México: Fondo de Cultura Econômica, 1993.

CARVALHO, Marcus Joaquim Maciel de. Hegemony and rebellion in Pernambuco (Brazil) — 1821-1835. 1989. Thesys (PhD) — University of Chicago, Urbana, Ill., 1989. ms.

HABERMAS, Jürgen. *Mudança estrutural da esfera pública: investigações quanto a uma categoria da sociedade burguesa*. Rio de Janeiro: Tempo Brasileiro, 1984.

HOLLANDA, Sérgio Buarque de. A herança colonial — sua desagregação. In: HOLLANDA, S. B. de (Org.). *HGCB*. 4. ed. São Paulo, Rio de Janeiro: Difel, 1976. t. II, v. 1.

―――. Prefácio. In: SILVA, Maria Beatriz Nizza da. *Cultura e sociedade no Rio de Janeiro (1808-1821)*. 2. ed. São Paulo: Nacional, 1978.

JORDAN, Annie. *La révolution, une exception française?* Paris: Flammarion, 2004.

LOPES, Renato. *Republicanos e libertários: pensadores radicais no Rio de Janeiro (1822)*. Rio de Janeiro: Civilização Brasileira, 2000.

————. Republicanismo e cultura do texto impresso: livros, leituras e fofocas em alguns periódicos antimonarquistas no Brasil da independência. In: CONGRESSO INTERNACIONAL DA ASSOCIAÇÃO DE HISTORIADORES LATINOAMERICANISTAS EUROPEUS (Ahila), 13., 2002. Ponta Delgada: Universidade dos Açores, 2002.

————. Livros e leituras do republicanismo feitas por alguns dos líderes da Confederação do Equador. In: CONGRESSO DE HISTÓRIA DA LEITURA E DO LIVRO NO BRASIL, 2., 2003. *Anais...* Campinas: Associação de Leitura do Brasil, Unicamp, 2003.

————. História da historiografia da independência: apropriações do Sete de Setembro. In: COLÓQUIO NACIONAL DE HISTÓRIA, 1., 2005, União da Vitória. *Anais...* União da Vitória: Faculdade de Filosofia, Ciências e Letras de União da Vitória/Fafi-PR, 2005.

LUSTOSA, Isabel. *Insultos impressos*. São Paulo: Cia. das Letras, 2001.

MELLO, Evaldo Cabral de. A pedra no sapato. *Folha de S. Paulo*, 4 jan. 2004.

MONTENEGRO, João Alfredo de Sousa. *O liberalismo radical de frei Caneca*. Rio de Janeiro: Tempo Brasileiro, 2001.

MOREL, Marco. *Cipriano Barata na* Sentinela da Liberdade. Salvador: Academia de Letras da Bahia, Assembléia Legislativa do Estado da Bahia, 2001.

NEVES, Lúcia Maria Bastos P. das. Leitura e leitores no Brasil, 1820-1822: o esboço frustrado de uma esfera pública de poder. *Acervo — Revista do Arquivo Nacional*. Rio de Janeiro, v. 8, n. 1/2, p. 130-134, jan./dez. 1995.

————. *Corcundas, constitucionais e pés-de-chumbo: a cultura política da independência (1820 -1822)*. 1992. Tese (Doutorado) — USP, São Paulo, 2002. v. 1.

PET'IT, Philip. *Republicanismo: una teoría sobre la libertad y el gobierno*. Barcelona: Paidós, 1999.

POCOCK, John. *The Machiavellian moment: Florentine political throught and Atlantic republican tradition*. New Jersey: Princeton University Press, 1975.

———. *Linguagens do ideário político*. São Paulo: Edusp, 2003.

RÜSEN, Jörn. *History: narration, interpretation, orientation (making sense of history)*. New York: Berghan Books, 2005.

SKINNER, Quentin. *Maquiavel*. Rio de Janeiro: Brasiliense, 1988.

———. *As fundações do pensamento político moderno*. São Paulo: Companhia das Letras, 1996.

VIANNA, Hélio. *Contribuição à história da imprensa brasileira*. Rio de Janeiro: Imprensa Nacional, 1945.

WARESQUIEL, Emmanuel. Répenser la révolution. *Le Monde*, 26 mars 2004.

8

MEDIAÇÃO INTELECTUAL E PERCURSOS DA CULTURA NO BRASIL DOS ANOS 1930: O CASO DA COLEÇÃO BRASILIANA E DA CIA. EDITORA NACIONAL

Eliana Freitas Dutra[*]

Entre as muitas formas de contato cultural entre países e culturas, os livros, bem como os editores e livreiros, são vetores privilegiados da mediação de idéias, técnicas e pessoas. Analisar os percursos da edição e da difusão de livros é analisar os percursos da mediação cultural e intelectual e sua condição de discurso político. É o que pretendo fazer neste capítulo, escolhendo como momento privilegiado o Brasil dos anos 1930. Afinal, nesses anos, as iniciativas empresariais de modernização e consolidação da indústria do livro, sintetizadas de maneira exemplar pela Companhia Editora Nacional, e as estratégias utilizadas para a formação de uma "cultura da leitura" integram o empreendimento de constituição de uma cultura brasileira. Nesse quadro, é impossível separar a história do projeto editorial da Coleção Brasiliana de uma pauta política e intelectual de refundação da nação, que seria responsável pela fisionomia política do país na década de 1930.

No entanto, neste estudo sobre uma vertente da cultura nacional, saliento a questão das transferências culturais, ou seja, o processo mesmo das circulações e transposições de objetos e métodos de análise. Lembro que a história do livro, da edição e da leitura, elaborada na França nas últimas décadas,[1] transplantou-se de uma cultura a outra. Este trabalho pretende,

---

[*] Da Universidade Federal de Minas Gerais.
[1] Cf. Mollier, 2005.

a um só tempo, recuperar os nexos de um projeto intelectual — com seus desdobramentos na definição de políticas públicas do Estado brasileiro nos anos 1930, sobretudo no Estado Novo — e uma política editorial, a da Cia. Editora Nacional, que seria responsável pela introdução de novas práticas e estratégias no campo da edição brasileira durante aqueles anos, e que serão aqui examinadas tendo como eixo a edição da Coleção Brasiliana. Pretendo destacar o papel indutor da Coleção Brasiliana, publicada pela Companhia Editora Nacional a partir de 1931 e dirigida por Fernando Azevedo nos anos mais significativos de definição da sua linha editorial (até 1946), no mundo dos livros e da leitura, através da difusão de um modelo de política editorial e de uma certa pedagogia nacionalista; bem como seu papel na construção de um paradigma da identidade nacional. Como veremos, a edição de livros, revistas e coleções foi considerada um componente imprescindível na política de nacionalização da cultura levada a efeito, conjuntamente, pelo Estado, por intelectuais e editores no Brasil dos anos 1930 e 40, sabedores todos do poder multiplicador do livro enquanto instrumento cultural de construção identitária e de troca intelectual.

No Brasil dos anos 1930 se entrelaçavam as modificações na cultura do impresso e as disputas da atualidade política. O espaço nacional era o território onde se pretendia que os livros transitassem enquanto mediadores de cultura, identidade e saberes. A publicação da Coleção Brasiliana, por iniciativa da Cia. Editora Nacional, e a atuação de Fernando Azevedo à frente da coleção e, em conseqüência, do mercado editorial brasileiro nos remetem à figura da intermediação cultural e à problemática do *passeur culturel*, aquele que Christophe Charle chamou de "o homem duplo",[2] figura intermediária que se movimenta entre os produtores de cultura e o público, que difunde a novidade cultural.

Neste texto, o papel do editor, as estratégias comerciais, as técnicas de propaganda, as aproximações com o Estado — que, a meu ver, se integram, em um mesmo campo de deslocamento — são aspectos abordados de forma a mostrar, por um lado, a construção de uma tradição editorial e, por outro, sua vinculação e inserção em um projeto pedagógico de afirmação da cultu-

---

[2] Charle, 1992:72-75. Sobre a figura *do passeur culturel* na mídia em geral e nas atividades de edição, ver Cooper-Richet, Mollier e Silem, 2005. Sobre o conceito de *passeur culturel*, ver Gruzinsky e Bénat-Tachot, 2001.

ra nacional, então na ordem do dia. Os pontos de contato da ação da Cia. Editora Nacional com a política estatal voltada para o nacionalismo cultural — num movimento de aproximação que pode ser explicado pela utopia também de uma "dupla fundação" — e seus desdobramentos pragmáticos constituem, assim, um dos aspectos centrais de minha abordagem.

A Companhia Editora Nacional: tradição editorial

Em um texto comemorativo assinado por Edgard Cavalheiro[3] e intitulado "Pequena história de uma grande editora", publicado em *O Estado de S. Paulo* em janeiro de 1957, quando do 30º aniversário da Companhia Editora Nacional, pode-se ler que, a 25 de setembro de 1925, Octales Marcondes e José Bento Monteiro Lobato registraram, na Junta Comercial de São Paulo, uma nova firma: a Companhia Editora Nacional. Na ocasião, segundo o autor:

> os ecos da rumorosa falência ainda não haviam de todo esmorecido. Sobre os escombros da Gráfica Editora Monteiro Lobato S/A nascia nova empresa destinada a prosseguir no sonho lobatiano de inundar o País de livros (...) E, com *Meu cativeiro entre os selvagens do Brasil*, de Hans Staden, a Companhia Editora Nacional, em janeiro de 1926, entrava no mercado. (...) Coleções populares surgiram. Novos métodos de venda foram inaugurados. Milhares, milhões de volumes inundaram as capitais, as cidades e os vilarejos do interior. O livro didático, antes feio, inestético, contrário a todas as normas pedagógicas, adquiriu feição moderna, passou a emparelhar-se, graficamente falando, aos melhores do mundo. Coleções sérias de exaustivos estudos, ou de audaciosas interpretações, abriram novas perspectivas aos nossos estudiosos. O escritor brasileiro encontrou editor que se aventurava a tiragens de 20 a 30 mil exemplares. (...) E, ao lado dos originais brasileiros, o mercado de traduções, até então praticamente nulo, ganhou impulsos insuspeitados. Os métodos comerciais eram os mais modernos — e as experiências com a venda de livros a prestações foram iniciadas.[4]

---

[3] Edgard Cavalheiro foi um dos biógrafos de Monteiro Lobato.
[4] Cavalheiro, 1957.

Este texto, certamente preparado especialmente para divulgação na ocasião das comemorações, e que teve algumas de suas partes reproduzidas em vários importantes periódicos do país, resume, com extrema fidelidade, a trajetória editorial da Nacional, não obstante o seu tom apologético. De fato, a experiência anterior de Lobato remontava aos seus anos de editor/proprietário da famosa *Revista do Brasil* e da Monteiro Lobato & Cia., depois Companhia Gráfica Editora Monteiro Lobato, na qual tinha como associado ninguém menos que Octales Marcondes Ferreira. O seu empenho e ousadia em revolucionar o "comércio de inteligência" — o mercado dos livros —, o levou a realizar vultosos investimentos na importação de máquinas e equipamentos dos mais modernos à época, os quais o conduziram à bancarrota, juntamente com seu sócio desde 1919, Octales Marcondes Ferreira. Depois da liquidação de sua companhia em 1925, ambos conseguiram comprar em 1926 seu acervo e fundar a Cia. Editora Nacional. Desde aquela ocasião, o escritor e seu sócio revolucionaram as práticas da edição e da comercialização de livros no Brasil, buscando ampliar o público leitor e, para isso, transformando o livro em uma mercadoria atraente, vendável e rentável.[5]

É fato atestado por estudiosos da história do livro e da leitura no Brasil que o país, nos anos 1920, não oferecia as melhores condições para a indústria do livro: poucos leitores, oficinas tipográficas antiquadas e sem a tecnologia adequada à edição de livros, baixo investimento no ramo das edições, alto preço dos livros, circulação restrita, edições pouco atraentes, pouca publicidade.[6] Lobato e Octales fariam história alterando drasticamente as condições que imperavam na época, traduzidas, 30 anos mais tarde, no seguinte comentário:

> Até então não tínhamos um editor verdadeiramente nacional. Éramos uma Nação sem leitores e sem oficinas tipográficas, e os raros intelectuais que conseguiam aparecer mandavam seus originais para Portugal. O Garnier, Briguiet, Garraux, que imprimiam suas edições em Paris, e também em

---

[5] Ver Hallewell, 1985:235-266. Também De Luca, 1999; Beda, 1987; Azevedo, Camargo e Sachetta, 1997.
[6] Ver Hallewell, 1985:235-266. Também De Luca, 1999; Lajolo e Zilberman, 1996; Toledo, 2001; Dutra e Mollier, 2005, entre outros.

Lisboa ou no Porto, estavam desde o fim do século em franca decadência, seus lançamentos se espaçavam cada vez mais. (...) Sem a possibilidade de se imprimirem, os escritores se retraíam, caindo a produção brasileira em estado de lastimável pasmaceira.[7]

Quando a Nacional foi fundada em 1926, os dois sócios já haviam vivido uma aventura editorial inédita nos anais da história da indústria do livro e do comércio livreiro no Brasil das primeiras décadas do século XX, em que a atividade editorial ainda era considerada de risco. O investimento em maquinário como o monotipo, o primeiro do Brasil, e em inúmeros linotipos e prelos dão a medida das inovações tecnológicas de um parque gráfico equipado — ainda que, como confessou Lobato a seu amigo Godofredo Rangel, "em prestações mensais".[8] Foram essas máquinas que asseguraram a impressão eficiente e de boa qualidade de livros coloridos, com cores berrantes e chamativas, e das capas ilustradas por jovens artistas de talento, a exemplo de Anita Malfati, Tarsila do Amaral, Di Cavalcanti e outros, destinados a cativar os leitores e a quebrar a "monotonia" habitual do precário e antiquado padrão de edição até então vigente no Brasil.[9]

Além disso, os sócios instituíram também novos métodos comerciais, que incluíam a venda de livros em açougues, lojas de ferramentas, bazares, farmácias, bancas de jornal, papelarias da capital e do interior, de forma a alcançar o leitor nos lugares em que ele estivesse;[10] o lançamento de novos autores, com o pagamento adequado dos direitos autorais; e o investimento em publicidade nos jornais[11] e, creio eu, também no rádio, prática que se disseminou à época.[12] Essa nova postura comercial, que fez com que a Monteiro Lobato & Cia. crescesse, "transformando-se dentro de poucos anos numa empresa que lidava com milhares de volumes e muitos contos de réis", foi sintetizada pelo próprio Monteiro Lobato ao dizer "faço livros

---

[7] Cavalheiro, 1957.
[8] Ver Carta de Lobato a Godofredo Rangel, de 10-5-1924, em Lobato, 1958, v. 16 e 17, t. I e II.
[9] Ver Hallewell, 1985:250-252; Azevedo, Camargo e Sachetta, 1997:130-131.
[10] Lobato, 1958, v. 15, p. 190-255.
[11] Ver Hallewell, 1985:250.
[12] Sobre isso, ver carta de Vicente Licínio Cardoso a Fernando de Azevedo, de 29-11-1925 (Arquivo Fernando Azevedo. Correspondência passiva. IEB, USP).

e vendo-os, exatamente o negócio do que faz vassouras e vende-as, do que faz chouriço e vende-o".[13] Essa frase de Lobato é exemplar de uma nova atitude que ilustra os avanços do capitalismo de edição no Brasil dos anos 1930. Juntamente com os investimentos tecnológicos e os novos métodos comerciais, vieram a impressão nas empresas comerciais de impressão e a separação do trabalho gráfico do trabalho de edição. A Nacional, nesse particular, foi também pioneira, e sua história, portanto, é reveladora da forma pela qual se deram o surto editorial e a modernização do parque de edições que o Brasil conheceu naqueles anos.

A criação da Companhia Editora Nacional não apenas se beneficiaria dessa inovadora experiência acumulada pelos dois sócios no empreendimento anterior, como seria herdeira de um projeto, de inspiração iluminista, acalentado por setores da intelectualidade republicana brasileira dos anos 1910 e 20, dos quais Lobato foi parte integrante, e que, convencidos de que o país além de pouco alfabetizado era "alérgico aos livros", contavam em civilizar a nação através do poder pedagógico e transformador dos livros.

Para "inundar o país de livros", como queria Monteiro Lobato, a Companhia Editora Nacional se valeu de uma fórmula editorial de grande sucesso, que marcou a paisagem editorial oitocentista francesa, expandindo-se da França para o mundo: as coleções. No caso francês, essa prática editorial teria se originado de forte concorrência entre os editores, que buscavam ampliar o número de leitores, cativando-os com variados recursos. "Através dela o livro foi editado, em maior escala e com menores preços, tendo como alvos públicos especiais, o que implicou uma segmentação do mercado da leitura. O que significa dizer que livros diferentes passaram a ser editados para categorias de leitores diferentes: sejam jovens, mulheres, crianças, viajantes, profissionais",[14] o que acabou por imprimir grande vitalidade à produção e ao comércio de livros, ajudados pela abertura de novos postos de venda instalados nas estações de trem, os "quiosques de gare".

As coleções foram expressões materiais da política de popularização da leitura, e também da especialização profissional e da divisão de trabalho no campo editorial, uma vez que demandavam políticas de acervos edito-

---

[13] Cf. De Luca, 1999:68.
[14] Ver Dutra e Mollier, 2006.

riais e reforçavam o papel estratégico do editor, que se tornava um especialista, responsável tanto pela definição de um perfil, ao decidir o critério de reunião, de seleção das obras de uma coleção — seja por compilações de autores sobre um mesmo tema, em obras de um mesmo gênero ou destinação reunidas em série ou que compartilhavam traços materiais uniformes, como cor, logotipo, tamanho —, quanto pelo direcionamento da atuação da editora para determinadas faixas do mercado livreiro.

Nesse espírito, ao longo dos anos 1930 ganharam forma na Nacional as coleções e séries, como Biblioteca das Moças, Biblioteca do Espírito Moderno, Biblioteca Pedagógica, Coleção Terramarear, Para Todos, Atualidades Pedagógicas, Iniciação Científica, Literatura Infantil, Livros Didáticos e várias outras, entre as quais a Coleção Brasiliana. Por ocasião da comemoração dos 30 anos da Nacional, quando a editora disponibilizou à impressa os indicadores numéricos que demonstravam que o seu advento teria fundado uma nova realidade para o mercado de livros no Brasil, as coleções tiveram destaque todo especial no espaço que importantes periódicos do período dedicaram aos feitos da Companhia Editora Nacional.

"Setenta milhões de volumes publicados" era a manchete que se repetiria, acrescida de dados significativos que davam conta aos leitores de que esses milhares de volumes compreendiam "14.300 edições relativas a 2.416 títulos",[15] sendo 2.416 títulos novos, 1.014 publicados na série didática, 293 volumes "sobre o Brasil" na Coleção Brasiliana, 200 títulos na Coleção Espírito Moderno — nas suas séries de literatura, ciência, história, biografia —, 168 na Biblioteca das Moças, 82 na coleção juvenil Terramarear, 60 na Para Todos, 68 na Atualidades Pedagógicas, 25 na Iniciação Científica, 48 de poesias, entre vários outros. Esses lançamentos teriam consumido 9 mil toneladas de papel e a quantia de 300 milhões de cruzeiros, dos quais 70 milhões de cruzeiros pagos a título de direitos

---

[15] Cf. *BIL*, 1957. Na realidade, as informações da imprensa referem-se ora a 70 mil, ora a 72 mil volumes. Sobre os 30 anos da Nacional, ver *Folha da Noite* (São Paulo, 24 jan. e 1 fev. 1957); *Correio Paulistano* (São Paulo, 26, 27 e 29 jan. 1957); *Correio do Povo* (Porto Alegre, 23 jan. 1957); *Última Hora* (São Paulo, 24 jan. e 1 fev. 1957); *O Estado de S. Paulo*, (São Paulo, 19 e 26 jan. 1957); *Diário Popular* (São Paulo, 28 jan. e 9 fev. 1957); *A Gazeta* (São Paulo, 1 fev. 1957); *Diário da Noite* (São Paulo, 2 fev. 1957); *Folha de Minas* (Belo Horizonte, 8 fev. 1957).

autorais, números nunca dantes alcançados na empresa do livro no Brasil. A divulgação desses números fazia parte, inequivocamente, da publicidade da empresa, e esse investimento publicitário se estenderia à instituição de três prêmios literários para marcar a efeméride da Nacional: o prêmio Monteiro Lobato, que, em tributo ao escritor, era destinado ao melhor livro de contos ou romance inédito; o prêmio Indalice Marcondes Ferreira — em homenagem à mulher de Octales Marcondes Ferreira —, destinado ao melhor estudo sociológico sobre a família brasileira; e o prêmio Brasiliana, que se propunha premiar uma obra inédita, na forma de ensaio, monografia ou biografia, sobre assunto brasileiro, o qual receberia maior destaque por parte da imprensa. Afinal, a Coleção Brasiliana — criada em 1931 sob os auspícios Octales Marcondes Ferreira, proprietário da Cia. Editora — foi, sem dúvida, um dos maiores empreendimentos editoriais da Nacional, destinado a reunir um conhecimento sistemático sobre o Brasil, ainda hoje sem equivalente na história da edição no país.

Projetada como uma subsérie da famosa Biblioteca Pedagógica Brasileira, a Brasiliana foi concebida por Fernando Azevedo[16] e por ele dirigida até 1946. Surgida num contexto, como já bem assinalado por Maria Rita Toledo (2001:59), em que "se depositavam na escola e no professor, bem como no livro, as missões de nacionalizar a cultura brasileira pela conquista de um público leitor para a literatura nacional, de instrumentalização de uma escola remodelada em prol da civilização e de produzir uma nova opinião pública sobre a política e a cultura nacional", a Biblioteca Pedagógica foi planejada em cinco subséries: Literatura Infantil, Livros Didáticos, Atualidades Pedagógicas, Iniciação Científica e a Brasiliana. A subsérie de literatura infantil notabilizou-se pela publicação de alguns livros infantis de Monteiro Lobato e por adaptações de clássicos da literatura infantil universal realizadas pelo próprio Lobato. Já a subsérie Iniciação Científica esteve voltada para a divulgação e a vulgarização da ciência, enquanto a Livros Didáticos foi direcionada para a produção de uma nova literatura escolar, o que foi feito mediante encomendas — com um novo padrão técnico e pedagógico — de livros específicos para a coleção, algo inédito no cenário editorial do país daqueles anos.[17] Por sua vez, a subsérie Atua-

---

[16] Ver Hallewell, 1985:300.
[17] Cf. Pontes, 2001.

lidades Pedagógicas foi pensada como suporte à formação profissional de professores e pedagogos, educadores. As subséries Atualidades Pedagógicas e Iniciação Científica, nos lembra Maria Rita Toledo (2001:222), tiveram programas editoriais flexíveis, que se relacionavam, ocorrendo que títulos programados para uma fossem publicados na outra. Nesse conjunto, a Coleção Brasiliana constituiu a quinta subsérie da Biblioteca Pedagógica e, como veremos, seria sujeito e objeto das grandes inovações introduzidas pela Nacional no mercado de livros, assim como as demais séries integrantes dessa famosa biblioteca. Essas inovações estratégicas, mercadológicas e técnicas integraram um empreendimento a um só tempo editorial, intelectual e político.

Inovações técnicas e cultura da leitura: a consolidação da tradição a serviço de uma pedagogia da nacionalidade

No catálogo de 1933 da Companhia Editora Nacional, a Biblioteca Pedagógica Brasileira era apresentada a livreiros e leitores por uma carta, na qual se afirmava que sua organização se deu "segundo o plano e a responsabilidade técnica de Fernando de Azevedo (...), [que se] dispôs a tomar a iniciativa desse *programa de cultura*".

Essa apresentação era precedida de uma nota de alerta aos colégios particulares e escolas públicas, afirmando que, caso solicitado, a Companhia Editora Nacional enviaria gratuitamente um exemplar de qualquer dos livros escolares incluídos no catálogo para que pudessem ser examinados pelos professores ou colégios que desejassem adotá-los. Tendo informado aos mediadores do seu público potencial sobre a existência e os objetivos da Biblioteca Pedagógica, a Nacional — preocupada em assegurar o êxito da sua coleção e os seus interesses comerciais — informava-os de uma resolução tomada no âmbito da editora, pela qual, a partir de janeiro de 1932, instituiria uma política de donativos que constaria de: exemplares de obras didáticas para alunos pobres, de classes superiores ou primárias, num total de até 15% sobre a totalidade dos alunos que tivessem adquirido livros editados pela Cia. Editora Nacional e sido devidamente aprovados; ou obras de literatura infantil (até cinco por classe) para premiar alunos das classes primárias em que os livros da editora tivessem sido adotados. Esses livros seriam fornecidos gratuitamente pela Companhia Editora Nacional e remetidos por conta das escolas que, juntamente com o pedido à companhia, enviassem, para cobrir as despesas de transporte, as respectivas importâncias, calculadas em 200 réis para cada livro. Junto com essas comunicações, a Companhia Editora Nacional solicitava aos destinatários do catálogo "a gentileza de examinar essa iniciativa em benefício da educação popular, no Brasil, e comunicá-la aos professores dos estabelecimentos sob sua direção", não sem antes acrescentar o anúncio das obras já contratadas e prestes a sair para a segunda série da Biblioteca Pedagógica — Livros Didáticos — e para a terceira série — Atualidades Pedagógicas.[18]

Portanto, concebida como parte de uma iniciativa de cunho pedagógico e definida como um instrumento de cultura, a Biblioteca Pedagógica, da qual fez parte a Coleção Brasiliana desde o início, integrou um projeto editorial de natureza bastante específica e particular, no qual uma nova relação com a produção e a comercialização de livros não só acompanhou de perto, como se integrou a uma verdadeira cruzada pedagógica e nacionalista, pautada na educação pelos livros e na crença, tal como a de Monteiro Lobato, de que "uma Nação se faz com homens e livros".

Dessa forma, as iniciativas pedagógicas coladas na política de coleções da Nacional visavam remodelar a educação pública no Brasil, com seus métodos de ensino e as novas epistemologias do conhecimento, como se pode depreender dos textos que acompanhavam os catálogos de lançamentos editoriais de cada ano.

Assim, sempre conciliando interesses utilitários e pedagógicos, o catálogo de livros escolares da Nacional de 1936 reservava espaço importante para ensinar a professores e diretores de estabelecimentos escolares — seu público-alvo — como escolher o melhor livro didático. Dizendo querer facilitar a tarefa dessa escolha, a Companhia preparou o que dizia ser um "guia", indicando os requisitos essenciais de um livro quanto à substância, à forma e ao método, e no qual, valendo-se da autoridade do professor Sampaio Dória, elencou, prioritariamente, a exatidão da matéria tratada e sua atualidade; a clareza da exposição, cujo conteúdo acessível responderia pela boa influência na mentalidade e no caráter do aluno, despertando-lhe ainda o gosto e o hábito da leitura; a correção da linguagem, voltada para o

---

[18] *Catálogo...*, 1933:2, 23.

aprendizado e o bom uso da língua nacional; a didaticidade no desenvolvimento dos assuntos, de forma a disciplinar o fenômeno do conhecimento; a perfeição tipográfica, ou seja, a saúde visual da obra; e a boa cartonagem, capaz de assegurar a boa duração do livro.

Em todos os aspectos lembrados era visível a adoção de uma postura editorial de claro profissionalismo, cujo único precedente ensaiado no mercado de livros do Brasil havia sido a Monteiro Lobato e Cia. Na linha da continuidade e do aperfeiçoamento das inovações experimentadas naquela ocasião é que devem ser compreendidos os cuidados tomados pela Nacional quanto a elaboração, composição, montagem, impressão, enfim, a editoração dos livros didáticos, os quais eram revelados ao público como forma de demonstrar uma nova consciência pedagógica quanto ao papel do livro e da leitura, e também o caráter moderno e progressista da editora, o que não deixa de ser uma boa estratégia mercadológica. Essa consciência didática era o que orientava no catálogo dos livros escolares o receituário para a escolha dos livros didáticos.

Assim, a importância do método no tratamento dos assuntos, acima mencionada, era acrescida de certa ênfase teórica nos aspectos pedagógicos, sendo ressaltados certos princípios como o da adequação da exposição à inteligência dos leitores, guardando uma ordem que atendesse suas necessidades, interesses e peculiaridades, entre os quais a idade; o cuidado com a passagem do concreto para o abstrato, de forma a tornar o texto mais atraente, a captar a atenção e incentivar a leitura. Recomendava-se, no caso dos livros infantis, antes uma "ordem psicológica" que uma "ordem lógica", e a profusão de ilustrações. Estas foram objeto de atenção especial da Nacional, que, preocupada com o aspecto material dos seus livros, fez questão de distinguir tecnicamente o papel da *ilustração* nos livros de literatura infantil daquele dos manuais e compêndios. Nos primeiros, as ilustrações deviam ser ornamentais, decorativas, capazes de "falar à imaginação infantil", nos segundos, elucidativas, devendo constituir-se, preferencialmente, de gráficos e esquemas, de forma a propiciar "o desenvolvimento do raciocínio no texto". Ambas, no entanto, deviam ser claras e bem impressas. Este último aspecto era remetido no catálogo ao *trabalho tipográfico e à cartonagem*, de fundamental importância no aspecto material dos livros escolares.

A Nacional invocava as primorosas edições estrangeiras do livro didático na América do Norte, Alemanha, Inglaterra, Itália e Japão; e definia o conceito de "perfeição tipográfica" como "o conjunto de qualidades que permitem o estudo sem cansaço visual". Para atingir essa perfeição, descrevia o *tipo de papel* a ser utilizado, branco ou amarelado, sempre opaco para evitar o reflexo da luz; os *tipos*, de tamanho médio, pois os grandes encareceriam o livro e os pequenos dificultariam a leitura; a *distância* entre as linhas, para facilitar a leitura.

A cartonagem, por sua vez, era objeto de uma exposição minuciosa, que informava o leitor do catálogo sobre o apuro técnico exigido na fabricação do livro de boa qualidade e suas implicações, dando-lhe a ver a forma dos livros, remetendo-o a sua experiência anterior de leitor acostumado com o padrão dos livros até então fabricados no Brasil, o qual a Nacional queria superar, propiciando a ele informações, de forma compartilhada, sobre as modernas características tipográficas, levando-o a uma sensação quase tátil com os livros e a reconhecer, distinguindo, o bom produto gráfico do ruim. Havia várias indicações sobre a importância do uso de papel forte e acetinado nas capas dos livros, de lombadas bem-feitas, do cuidado com a costura do livro em tira de pano acompanhando a lombada, a fim de dar segurança durante o manuseio.[19] A Nacional elaborou ainda sua auto-representação de empresa moderna, técnica, eficiente e socialmente responsável, traçando o melhor retrato possível de seus produtos editoriais, não deixando de acrescentar, páginas à frente, um adendo sobre o preço, que devia ser "módico", nunca excedendo o razoável. Nessas questões se entrelaçam as problemáticas da edição e da leitura. Um empreendimento do porte da Biblioteca Pedagógica, e suas respectivas coleções, certamente esteve também ancorado na certeza de produzir uma crença no valor do produto, no caso o livro, e, pela leitura das obras, constituir e/ou atender a um horizonte de expectativas dos e para os leitores. Afinal, autores e editores sabem que livros e leituras atendem às necessidades de informação e formação, funcionam como canais de divulgação, reflexão, difusão de estilos, formação de opinião. E a edição é uma prática que tem lugar determinante nas instâncias de legitimação cultural. Daí o papel do editor merecer atenção especial, na medida em que ele, enquanto "mestre-de-obras" intelectual, tem um poder que não se restringe à difusão de idéias,

---

[19] *Catálogo...*, 1936:4.

também definindo o que deve ser lido, escolhendo os suportes materiais da leitura, provocando diferentes sensações no contato físico com os livros e tentando induzir determinados efeitos da leitura no pensamento e nas sensibilidades. Isso não quer dizer que os editores são capazes de exercer um controle efetivo sobre o ato de ler e a recepção da leitura. Admiti-lo seria desconhecer toda uma contribuição sobre a história da leitura e da recepção, que tem problematizado o papel do leitor e sua presença decisiva na apropriação da leitura, as interferências recíprocas entre autor e leitor, as implicações das diferentes práticas de leitura e os limites dos protocolos de leitura.[20]

Nesse ponto, convém invocar a contribuição já estabelecida de teóricos e especialistas na história do livro e da leitura,[21] os quais, seja na perspectiva da história intelectual, da história cultural ou de uma sociologia da cultura, têm problematizado, e polemizado, acerca do poder do livro e da leitura, dos sentidos produzidos pela leitura, dos códigos narrativos utilizados, das formas de recepção do escrito, dos dispositivos utilizados por autores e editores na produção do texto e na produção tipográfica do livro, dos circuitos de comunicação etc. Para o que nos interessa aqui, quero destacar as estratégias editoriais da Nacional percebidas em seus catálogos e em outros documentos da editora.

Em outro ponto do catálogo (1936:95), a Nacional inseriu, em texto à parte, uma recomendação contra o uso de livros de segunda mão. Esse hábito foi apresentado como uma "enganadora vantagem", e portador de inúmeros prejuízos, que iam da precariedade do suporte material do livro, cujas más condições de conservação implicariam ainda a sua efêmera duração, passariam pela desatualização da obra adquirida, que via de regra seria uma "edição velha, cheia de erros, veículo de idéias e noções antigas", até chegar aos problemas de higiene e aos riscos de contaminação de doenças. Nesse ponto, a Companhia Editora Nacional apelava para sua marca comercial mais inovadora — as coleções — para alertar leitores e compradores de que "os livros velhos têm, para substituir-lhes a utilidade

---

[20] Sobre esse assunto, ver Compagnon, 2001; Chartier, 1996; e Goulemot, 1996, entre outros.
[21] A exemplo de Chartier, 1987, 1990, 1996a e 1996c; Darton, 1990b, entre outros, e também de Bourdieu, 1987 e 1996:231-253.

e beleza, ricas coleções de micróbios, que poderão invadir o organismo do estudante desprevenido, causando-lhe moléstias graves e benignas, desde a tuberculose até as simples erupções cutâneas". Chamando a atenção para o produto comercial vendido pela Nacional — livros atraentes, úteis e de qualidade —, o catálogo advertia que o livro adquirido em segunda mão seria "um objeto pouco útil, feio e porco", e conclamava o leitor a adquirir apenas livros novos, ou seja, as edições modernas e baratas da Companhia Editora Nacional, principalmente as pedagógicas e didáticas.

Também nesses mandamentos, o interesse comercial da venda de livros se aliava à perspectiva pedagógica da Companhia Editora Nacional e do diretor da Biblioteca Pedagógica, Fernando Azevedo. Essa perspectiva não descuidava do respeito à autoridade do conhecimento e ao papel condutor do mestre, que se compunham com o objetivo da Nacional de assegurar uma tradição, aliás, uma dupla tradição. Por um lado, uma tradição editorial no mercado de livros, marcada por um padrão técnico, mercadológico e pedagógico que fazia com que seus livros se equiparassem ao que de melhor havia na ocasião no mercado internacional e se tornassem uma referência para a atividade editorial brasileira da época. Por outro, a tradição de um nacionalismo cultural em que o trabalho editorial da Nacional era reivindicado como um trabalho engajado na formação de uma cultura brasileira e na educação do povo da nação.

No âmbito da realidade política e dos projetos em curso no Brasil dos anos 1930, que buscavam a redefinição da nação brasileira, a cultura era inseparável da educação, sendo por isso mesmo um empreendimento pedagógico, e a ação da Nacional devia ser compreendida como parte de uma pedagogia da nacionalidade. Essa tradição foi amplamente reconhecida pela intelectualidade, pela imprensa, por editores, homens de livro, políticos e membros da administração federal, em diferentes ocasiões, em particular no caso da Brasiliana, ao longo dos anos 1930, e quando a coleção completou 10 anos, em 1941, e também quando a Nacional completou 30 anos de atividades.

Convém aqui abrir um parêntese para reafirmar o que já assinalei em outras ocasiões,[22] que a existência, nos anos 1930, de um projeto nacionalista para o Brasil pressupunha certas condições básicas para se rea-

---

[22] Dutra e Mollier, 2006.

lizar: uma elite intelectual imbuída de uma missão social; a expansão da educação elementar; a produção, em bases científicas e empíricas, de um conhecimento da vida e dos reais problemas do Brasil, de forma a assegurar a formação de uma consciência nacional; a construção de uma política cultural pelo Estado, cuja reorganização do seu aparelho era a garantia da consolidação de uma política de modernização do país. Dessa forma, o dinamismo editorial da Nacional encontrou, nesse projeto nacionalista, terreno fértil e favorável, e ambos acabaram por fazer parte de um mesmo empreendimento. Naqueles anos 1930/40, marcados pela presença de um vigoroso surto editorial e de uma grande expansão do mercado de livros, a Nacional ocupou um lugar de grande projeção. Afinal, ela, como nenhuma outra, soube elaborar um plano estratégico voltado para a formação de uma "cultura da leitura" como parte do empreendimento de constituição de uma cultura brasileira. Nessa linha, ela não só editou livros, difundindo materialmente uma nova concepção e um novo padrão para os mesmos, com implicações óbvias sobre a cultura da leitura no Brasil, como formou algumas comunidades de leitores, tendo definido ainda, através da Biblioteca Pedagógica e, sobretudo, da Brasiliana, como veremos, um repertório de leituras e um cânone "nacional" de obras, seja na literatura, no ensaio, nas ciências ou na pedagogia.

O lugar reservado à Coleção Brasiliana nessa dupla utopia de fundação — de uma tradição editorial e de uma tradição cultural nacionalista — foi uma das características de seu projeto editorial. Não por acaso, o primeiro livro lançado pela Companhia Editora Nacional foi *Meu cativeiro entre os selvagens do Brasil*, de Hans Staden, em que o interesse por um relato, com fortes elementos etnográficos, relativo aos primeiros anos do Brasil colonial, já era um indicador claro da preocupação com a formação da nacionalidade brasileira, de cujo processo, inconcluso, a Nacional acreditava poder participar e reorientar. Esta seria sua maior utopia, sendo seu espaço privilegiado o da Coleção Brasiliana.

Propaganda editorial e política cultural na difusão da Coleção Brasiliana

Considerada obra nacionalista e de cultura nacional, a Brasiliana foi um dos carros-chefes da Biblioteca Pedagógica. Como todas as séries da Biblioteca Pedagógica e demais coleções da Nacional, a Brasiliana foi objeto de igual atenção da Companhia no tocante a sua divulgação. A preocupação e o cuidado com a propaganda levaram a editora a práticas que passavam pela impressão de uma centena de exemplares a mais de cada obra, destinados à distribuição, para efeito de divulgação;[23] por anúncios em vários jornais e revistas do país, sobretudo no estado de São Paulo, no que eram gastos muitos contos de réis ao ano;[24] pela utilização de programas de radiodifusão;[25] por promoções especiais, como a venda de livros da Brasiliana em prestações mensais.[26]

Em 1941, quando a Coleção Brasiliana comemorou o lançamento de seu 200º título, a Companhia Editora Nacional elaborou uma minuciosa estratégia de divulgação da coleção em três documentos complementares: um plano de propaganda, um plano de comemoração e uma lista de indicações para envio do catálogo.[27] Cada um deles aprofundava um pouco mais a estratégia concebida, tornando visível a envergadura do empreendimento editorial da coleção, a rede intelectual na qual estava inserida, seus interlocutores privilegiados, os vínculos político-institucionais almejados, a legitimação pretendida, os leitores escolhidos.

Assim é que o plano de propaganda previa a edição de um novo catálogo, que deveria ser acompanhado de uma nota bibliográfica e pareceres sobre a coleção e da leitura, em estações de rádio, de pequenos trechos das opiniões mais autorizadas sobre a Brasiliana, emitidas nesses pareceres. Também foi planejada a expedição de mil circulares sobre a Brasiliana às principais instituições de cultura e de educação do Brasil, usando como texto base o da introdução do novo catálogo. É interessante ressaltar que o documento de propaganda incluía a observação de que as

---

[23] Conforme recibo de direitos autorais da Companhia Editora Nacional, de 31-5-1938, relativo ao v. 125 da série Brasiliana (Arquivo João Dornas Filho. Belo Horizonte. APM).
[24] Conforme o item Gastos com Propaganda, do livro de caixa da Companhia Editora Nacional, 1931-35.
[25] Conforme o item Gastos com Propaganda, do livro de caixa da Companhia Editora Nacional, 1931-35.
[26] Conforme o *Catálogo Brasiliana comemorativo do volume 200*. A utilização desse recurso pode ser amplamente comprovada analisando-se os periódicos da época e o material publicitário produzido pela própria Nacional, como catálogos etc.
[27] Documentos Manuscritos e Datilografados (Arquivo da Companhia Editora Nacional. Ibep).

circulares deviam ser enviadas "inclusive às escolas militares, comandos de regiões e quartéis", o que denota o cuidado em não se indispor com os militares, e seu poder de força nas hostes do Estado Novo. Também foram previstos anúncios e a publicação de trechos expressivos sobre a Brasiliana na imprensa diária, sobretudo nos principais jornais do Rio de Janeiro, sendo mencionados o *Jornal do Commercio*, o *Jornal do Brasil*, o *Correio da Manhã* e, em São Paulo, preferencialmente, no jornal *O Estado de S. Paulo*, no *Diário de São Paulo*, na *Folha da Noite* e na *Gazeta*.

Outro aspecto do plano enfatizava a organização de vitrines especiais nas várias livrarias da capital, em São Paulo, e em todas as casas da Companhia Editora Nacional nas cidades de Belo Horizonte, Porto Alegre, Rio de Janeiro e São Paulo. Essas vitrines deveriam ser "artisticamente organizadas" e expor a Brasiliana completa, encadernada e em brochura. Para tanto, a Nacional decidiu encadernar e distribuir cerca de 50 coleções, acompanhadas de cartazes com a lista de todas as obras já publicadas na Brasiliana.

Tamanho empenho propagandístico não deixaria de lado um dos instrumentos de comunicação mais fascinantes em ascensão na cultura urbana da época: o cinema. A editora previu a realização de um filme falado sobre a companhia. Segundo ela, um filme "como o da *Gazeta* e o mais recente sobre *O Estado de S. Paulo*", e que deveria focalizar "o edifício, o trabalho, os aspectos dos escritórios, o armazém e as principais edições da Companhia".

Ao final, o documento trazia uma nota dizendo que seria interessante promover um entendimento com a *Hora do Brasil*, de forma a incluir nesse programa referências à Brasiliana e ao fato de ela ter alcançado seu décimo ano de existência e seu 200º volume, e com os jornais das capitais, para que se ocupassem do assunto; e uma visita da imprensa às novas instalações da companhia.

Essa preocupação com a dupla efeméride esteve na origem também do plano de comemorações traçado pela Nacional. Um dos pontos importantes desse plano foi o envio de circulares a pessoas de "responsabilidade e posição" na vida pública brasileira, solicitando-lhes um parecer sobre a Coleção Brasiliana. Nomes como Afonso Escragnolle Taunay, Rodolfo Garcia, Teodoro Sampaio, Alfredo Ellis Júnior, Ian de Almeida Prado, Luís Camilo de Oliveira Pena, Gilberto Freyre, Lúcia Miguel Pereira,

Pedro Calmon, Jonatas Serrano, Plínio Barreto, Anísio Teixeira, Afrânio Peixoto, Oliveira Vianna, Batista Pereira, Roberto Simonsen, Mário Casassanta, Basílio de Magalhães, Carlos Sussekind de Mendonça e Prado Maia, entre dezenas de outros, foram lembrados para receber a circular, e seus pareceres — que ultrapassaram a casa dos 100 — deram origem a um volume que revela não só a boa recepção da Brasiliana nos meios intelectual, científico e político no Brasil dos anos 1940, como o prestígio da coleção e o raio de ação da Nacional.

A Nacional também investiu na divulgação de notícias sobre a Brasiliana, informando sua organização e seus fins aos círculos de especialistas em história, geografia e ao público intelectual brasileiro. Outra decisão importante da editora foi a divulgação ampla e compacta da coleção mediante uma semana de notícias da Brasiliana em todos os canais de comunicação disponíveis à época: jornais, revistas, principais rádios e todos os cinemas.

Tão importantes quanto o público de especialistas e os meios letrados, cultos, eram os círculos oficiais do poder, integrados pela Câmara Federal e os poderes legislativos estaduais. Quanto a esses, o plano de comemorações previa discursos salientando a importância e o alcance da iniciativa da coleção e não se esquecendo de indicar os contatos da companhia que se incumbiriam da tarefa: Pedro Calmon, na Câmara Federal; Paulo Duarte e Alfredo Ellis, no Legislativo paulista; e, segundo o documento, "assim por diante", o que sugere claramente outros contatos nos estados. Aliás, a Nacional não descuidou, em seu plano de comemorações, da propaganda junto aos governos dos estados, câmaras legislativas estaduais, câmaras municipais, escolas superiores, escolas normais, institutos históricos e geográficos do país, visando a aquisição da Brasiliana.

Para ampliar a venda da coleção, a Nacional decidiu também enviar uma circular, devidamente acompanhada do catálogo especial da coleção, a diretores, professores de escolas superiores, normais e secundárias, e a diretores de redação dos principais jornais, convidando-os a visitar e a examinar, nos armazéns da Companhia Editora Nacional, ou nas livrarias em que estivessem expostas, as coleções encadernadas da série Brasiliana da Biblioteca Pedagógica.

Finalizando os preparativos para a comemoração dos 10 anos da coleção e do lançamento do seu 200º volume, a Nacional organizou uma lista de personalidades e entidades para as quais deveria ser enviado o seu novo catálogo, lista esta encabeçada pelo presidente da República, Getúlio Vargas, e seus respectivos ministros de Estado, governadores e secretários dos estados; e abrangendo regiões militares ("comandantes, chefes e oficiais dos estados-maiores", bem como os comandantes das "unidades da Marinha e Guerra"); embaixadores, ministros e cônsules do Brasil, através dos contatos de Renato Mendonça e Sabóia de Medeiros; Biblioteca Nacional; universidades do Brasil, do Distrito Federal, de São Paulo, Minas Gerais, Rio Grande do Sul, na pessoa de seus reitores, diretores de institutos, professores e bibliotecas; diretores de ensino do Distrito Federal e de todos os estados do Brasil; escolas normais, ginásios oficiais e reconhecidos; institutos histórico-geográficos; principais jornais dos estados e revistas literárias, científicas e técnicas, incluindo academias de letras e revistas militares, *Defesa Nacional, Revista Militar Brasileira, A Vida Militar*.

Do exame desse conjunto emerge, por um lado, o controle gerencial e comercial minucioso do empreendimento editorial Coleção Brasiliana, que já respondia, antes da efeméride, pelo sucesso da coleção, que, ao comemorar 10 anos, podia contabilizar pelo menos duas edições para cada título lançado entre 1931 e 1941. Por outro, o desenho do público preferencial da coleção; os vínculos buscados pela editora com o estado e as demais instâncias do poder oficial no Brasil, na certeza de uma mesma afinidade política; a importância que a Nacional atribuía à recepção da Brasiliana nas instâncias oficiais do estado; a expectativa da Companhia Editora Nacional na circulação da coleção nos meios educacionais, de forma a assegurar seu papel pedagógico; a certeza do apoio da intelectualidade, que prestigiava, assegurando espaços para a publicação de seus textos.

A iniciativa e o plano de edição da Coleção Brasiliana contemplaram aspectos importantes, em pauta desde os anos 1920, entre eles a presença de um editor imbuído de espírito missionário, disposto a mudar a situação dos autores e a incrementar a leitura, o conhecimento do país e de sua história; a definição de um amplo canal de divulgação do debate intelectual sobre os rumos nacionais; a profissionalização e especialização dos campos intelectual e do conhecimento. Mas a ação da Nacional, por mais profissional que fosse, assegurou sobretudo e de forma inequívoca o vínculo entre a política editorial da companhia, o nacionalismo cultural e o reformismo pedagógico.

O projeto intelectual e político da coleção seria saudado por amplos setores da intelectualidade dos anos 1930/40, como Frota Pessoa,[28] pelo fato de estar ancorado no par ensino/cultura nacional. Esse autor, manifestando-se sobre a Brasiliana, destacou a amplitude da coleção, capaz de atingir todos os setores da educação; seu alcance social, por estimular as elites, dar a conhecer inúmeros escritores novos, que não teriam oportunidade de aparecer se não fosse a Brasiliana, e despertar a curiosidade e o interesse pelo que era nosso nos autodidatas. Essa perspectiva educativa era uma unanimidade entre os comentaristas, seja pela maior democratização da educação e da cultura, seja por uma visão mais restrita e elitista. Assim, o biólogo Mello Leitão avaliou a importância da Coleção Brasiliana pelo fato de ela propiciar ao leitor o acesso, antes impossível, a "novas traduções de obras preciosas de nossos antigos visitantes, reedições de livros esgotados que todos ansiavam ler e já se tornavam escassos nas bibliotecas, as vulgarizações e as raridades bibliográficas *muito acima da posse da média dos leitores comuns*".[29]

Considerações finais

A oscilação entre dois pólos — a ignorância presumida dos brasileiros sobre a realidade brasileira e a necessidade de esclarecimento das elites — seria a marca da política cultural do Estado Novo, a qual se assentou no pressuposto de que a pedagogia e a política não se separam e de que a política é obra da educação, que prepara as transformações sociais.[30] A elaboração do projeto da Biblioteca Pedagógica e a criação da Coleção Brasiliana anteciparam e serviram de modelo para algumas políticas do Estado Novo, como a criação do Instituto Nacional do Livro (INL) em 1937 e o projeto (ainda que não realizado) de uma enciclopédia brasileira, ambos no âmbito do Ministério da Saúde e Educação. Na realidade, todos esses projetos, privados ou estatais, apenas confirmam a existência de uma pauta de reforma no âmbito da sociedade, em particular das nos-

---

[28] Frota Pessoa. Documento Manuscrito (Arquivo Coleção Brasiliana. Ibep).
[29] Cândido de Mello Leitão. Documento Manuscrito (Arquivo Coleção Brasiliana. Ibep).
[30] Ver Plano de divulgação de obras do Instituto Nacional do Livro. Rio de Janeiro, julho de 1938 (Arquivo Gustavo Capanema. Cpdoc. FG. p. 1).

sas elites, pela qual o livro foi um importante suporte material de uma pedagogia da nacionalidade. Ao que não faltou o concurso da experiência européia, seja através das idéias da Ilustração, seja através das práticas de editores e livreiros na "fabricação" do leitor.

Referências bibliográficas

AZEVEDO, Carmem; CAMARGO, Márcia; SACHETTA, Wladimir. *Monteiro Lobato: furacão na Botocúndia*. São Paulo: Senac, 1997.

BEDA, Ephrain de Fiqueiredo. *Octales Marcondes Ferreira. Formação e atuação do editor*. 1987. Dissertação (Mestrado) — ECA/USP, São Paulo, 1987.

BIL — BIBLIOGRAFIA E INFORMAÇÕES PARA LEITORES, v. 1, n. 4, jan. 1957.

BOURDIEU, Pierre. *Choses dites*. Paris: Minuit, 1987.

———. Debate com Roger Chartier. A leitura: uma prática cultural. In: CHARTIER, Roger (Org.). *Práticas da leitura*. São Paulo: Estação Liberdade, 1996. p. 231-253.

CATÁLOGO DE LIVROS ESCOLARES. São Paulo: Nacional, 1933.

CATÁLOGO DE LIVROS ESCOLARES. São Paulo: Nacional, 1936.

CAVALHEIRO, Edgar. Pequena história de uma grande editora. *O Estado de S. Paulo*, 28 jan. 1957.

CHARLE, Christophe. Le temps des hommes doubles. *Revue d'Histoire Moderne et Contemporaine*, n. 39, jan./mars 1992.

CHARTIER, Roger. *Lectures et lecteurs dans la France d'Ancien Régime*. Paris: Seuil, 1987.

———. *A história cultural entre práticas e representações*. Lisboa: Difel; Rio de Janeiro: Bertrand, 1990.

———. *Culture, écrit et société*. Paris: Albin Michel, 1996a.

——— (Org.). *Práticas da leitura*. São Paulo: Estação Liberdade, 1996b.

———. Do livro à leitura. In: CHARTIER, R. (Org.). *Práticas da leitura*. São Paulo: Estação Liberdade, 1996c.

COMPAGNON, Antoine. O leitor. In: *O demônio da teoria; literatura e senso comum*. Belo Horizonte: UFMG, 2001.

COOPER-RICHET, Diana; MOLLIER, Jean-Yves; SILEM, Ahmed (Dirs.). *Passeurs culturels dans le monde des médias et de l'éditions en Europe (XIXe et XXe siècles)*. Paris: Presses de l'Enssib, 2005.

DARTON, Robert. *Os beijos de Lamourette, mídia, cultura e revolução*. São Paulo: Cia. das Letras, 1990a.

_____. A palavra impressa. O que é a história dos livros? In: DARTON, R. *Os beijos de Lamourette; mídia, cultura e revolução*. São Paulo: Cia. das Letras, 1990b.

DE LUCA, Tânia. *A Revista do Brasil. Um diagnóstico para a (n)ação*. São Paulo: Unesp, 1999.

DUTRA, Eliana de Freitas; MOLLIER, Jean-Yves. *Rebeldes literários da República. História e identidade nacional no* Almanaque brasileiro Garnier *(1903-1914)*. Belo Horizonte: UFMG, 2005.

_____; _____. *Política, nação e edição. O papel dos impressos na construção da vida política*. São Paulo: Annablume, 2006.

GOULEMOT, Jean-Marie. Da leitura como produção de sentidos. In: CHARTIER, Roger (Org.). *Práticas de leitura*. São Paulo: Estação Liberdade, 1996.

GRUZINSKY, Serge; BÉNAT-TACHOT (Dirs.). *Passeurs culturels. Mécanisme de métissage*. Paris: Maison des Sciences de l'Homme, 2001.

HALLEWELL, Laurence. *O livro no Brasil — sua história*. São Paulo: T.A. Queiroz, 1985.

LAJOLO, Marisa; ZILBERMAN, Regina. *A formação da leitura no Brasil*. São Paulo: Ática, 1996.

LOBATO, José Bento Monteiro. Cartas escolhidas. In: *Obras completas*. São Paulo: Brasiliense, 1958. v. 16 e 17, t. I e II.

MOLLIER, Jean-Yves. L'histoire du livre, de l'édition et de la lecture: bilan de 50 ans de travaux. In: MARTIN, Laurrent; VENAYRE, Sylvain (Dirs.). *L'histoire culturelle du contemporain*. Malesherbes: Nouveau Monde, 2005.

PONTES, Heloísa. Retratos do Brasil: editores, editoras, e coleções Brasiliana nas décadas de 40 e 50. In: MICELI, Sérgio (Org.). *História das ciências sociais no Brasil.* 2. ed. São Paulo: Sumaré, 2001. v. 1, p. 419-476.

TOLEDO, Maria Rita de Almeida. *Coleção Atualidades Pedagógicas: do projeto pedagógico ao projeto editorial (1931-1981).* 2001. Tese (Doutorado em Educação) — PUC-SP, São Paulo, 2001.

9

SOBRE CARMEN MIRANDA, PATO DONALD E MANUAIS ESCOLARES*

*Walnice Nogueira Galvão***

Política da Boa Vizinhança

Ao Brasil coube a infelicidade de viver duas ditaduras, ainda frescas na memória de três gerações. A primeira perdurou de 1930 a 1945 e a segunda, de 1964 a 1985. Sabemos que ambas retiraram de circulação os manuais escolares existentes, passando a produzir outros, mais condizentes com os ideais que pretendiam promover.

Caudilho da primeira, Getúlio Vargas não escondeu a simpatia por seus contemporâneos, Hitler e Mussolini, até 1942, quando os Estados Unidos, vizinho continental e poderoso, resolveram se posicionar e exigir do governo brasileiro uma aliança política. Antes que o Brasil enviasse um contingente de tropas para lutar no norte da Itália durante a II Guerra Mundial, os americanos implantaram a Política da Boa Vizinhança, uma via de circulação de mão dupla. Uma das primeiras decisões consistiu no envio de Orson Welles a nosso país para dirigir um filme. O cineasta encantou-se imediatamente pelos jangadeiros do Ceará, que à época viajaram 3 mil quilômetros em suas frágeis embarcações para reivindicar direitos ao ditador, no Rio de Janeiro. Entre jangadeiros e o Carnaval carioca, *It's*

---

* Trabalho apresentado no Colloque Enseigner la Nation, Universidade de Paris III, Sorbonne, em junho de 2005.
** Da Universidade de São Paulo.

all true nunca chegou a termo. Várias décadas depois é que a metragem rodada pelo cineasta, perdida nos depósitos do estúdio, seria remontada. E assim podemos assistir hoje a um belo testemunho da Política de Boa Vizinhança.

No bojo do mesmo movimento, mas em sentido contrário, Carmen Miranda e o Bando da Lua partiram em 1939 para os Estados Unidos, onde ganhariam o favor do público em turnê de espetáculos, na Broadway e em Hollywood. Lá, o Bando faria oito filmes e Carmen 13, todos permanecendo fora do Brasil até a morte da atriz em 1955, quando o grupo se dissolveu. No cinema, Carmen encarnou uma caricatura daquilo que os americanos imaginavam ser o "temperamento latino": fogosa, exótica, passional, meio ridícula. E um samba do Bando da Lua comemorava explicitamente a aliança com os Estados Unidos, afirmando que o *boogie woogie* — um ritmo americano da época — havia penetrado em nossa música popular, soando nos morros do Rio:

> até na favela só cantam o tal *boogie woogie*...
> a nova dança que balança mas não cansa...
> faz parte da Política da Boa Vizinhança![1]

Logo em seguida, o novo enviado, o cineasta Walt Disney, em uma excursão pela América Latina em 1941, fez uma estada no Rio de Janeiro. Em razão da enorme popularidade de seus desenhos, sua presença nesse continente visou a angariar apoio para seu país, prestes a entrar em guerra. Como resultado dessa viagem, criaria o personagem Zé Carioca para o filme *Alô, amigos!* (*Saludos, amigos!*, de 1943), em que este último ciceroneia o personagem Pato Donald pelo Rio de Janeiro, então nosso cartão-postal. Duas composições musicais, *Aquarela do Brasil*, de Ary Barroso, e *Tico-tico no fubá*, de Zequinha de Abreu, foram difundidas internacionalmente por meio desse filme de animação. A primeira, vitoriosa no Carnaval de 1943 e dançada por Zé Carioca, é um "samba-exaltação" que prega abertamente o nacionalismo por meio da propaganda das belezas da terra e de seus tesouros em recursos naturais. Seria a canção brasileira mais conhecida em

---

[1] *"Boogie woogie" na favela*, de Denis Brean, gravado pelo Bando da Lua em 1945.

todo o mundo, pelo menos até o advento de *Garota de Ipanema*. Os dois amigos, protagonistas do enredo, sambam na rua e bebem cachaça.

Quase três anos depois, em 1945, surgiu outro desenho animado de longa metragem, *Você já foi à Bahia?* (*The three caballeros*). O terceiro amigo a que o título original alude é o mexicano Panchito, mas comparece ainda o Gauchinho Voador, representante da Argentina. Donald é levado por Zé Carioca e Panchito a uma expedição mágica, que percorre partes selecionadas do continente, passando pelo Brasil. A jornada é folclórica, privilegiando festas, usos e costumes, queima de fogos e ótimas músicas. Os brasileiros encenados são igualmente bem folclóricos, a exemplo da baiana desenhada a se requebrar imitando Carmen Miranda. Como o filme mistura atores e desenho, vemos Aurora Miranda em carne e osso cantando *Os quindins de Iaiá*, de Ary Barroso, já que a Fox não cedeu sua irmã Carmen, em vista do contrato de exclusividade que a retinha. O filme retirou seu título em português de um samba de Dorival Caymmi que se tornaria um clássico.

Cairia no gosto do público este Zé Carioca, que, como seria de esperar, é um papagaio, de chapéu palheta e gravata borboleta, verde-amarelo como nossa bandeira. Tal é a caracterização física do personagem, que, por outro lado, abomina trabalhar, vive fugindo dos credores, fala sem parar, conta mentiras para parecer mais importante do que é, só pensa em pinga, futebol e samba. Em suma, um malandro típico (ou, segundo Disney, um brasileiro típico?).

De tudo o que esses filmes inventaram, sobressai o protagonista, que até hoje aparece nas revistas em quadrinhos Disney, a certa altura ganhando independência e se tornando o titular de uma revista com seu nome no Brasil. Os filmes podem ser vistos em cinematecas, festivais de nostalgia ou nas horas mortas da televisão. Constituem uma bela aula de ideologia e política.

Tais fatos não estão esquecidos e foram relembrados ainda em 1997, quando a Acadêmicos da Rocinha desfilou no Carnaval do Rio com o enredo "A viagem encantada de Zé Carioca à Disney World", por ocasião do jubileu de prata da fundação do parque temático na Flórida. Nos carros alegóricos figuravam várias atrações do parque.

Samba e escolas de samba

Tudo isso diz respeito à frente externa da ditadura Vargas. E na frente interna?

Rico em rituais fascistas e corporativistas, o regime promoveu grandes comícios e demonstrações de massa. Na época de fastígio do canto orfeônico, veria sua prática tornar-se obrigatória nas escolas, com espetáculos reunindo dezenas de milhares de vozes de estudantes em estádios de futebol. Villa-Lobos comandou esse movimento.

O ditador tratou de arregimentar os trabalhadores contra a oligarquia, ou seja, contra a classe dominante do eixo *café-com-leite*, que reunia os plantadores de café do estado de São Paulo aos pecuaristas de Minas Gerais. O eixo já fornecera vários presidentes à República, inclusive aquele que então ocupava o posto, o "paulista de Macaé" Washington Luiz. A intenção do golpe de 1930 foi impedir que mais um paulista tomasse posse, o presidente eleito Júlio Prestes.

Não podiam faltar a demagogia e a manipulação dos pobres, fãs do ditador, que lhes outorgou a primeira legislação trabalhista jamais havida no país. Esses pobres eram conhecidos por levarem comida fria em marmitas para o almoço no local de trabalho, e por isso os getulistas foram alcunhados de "marmiteiros". A coligação contra os poderosos da oligarquia rural promoveu o início da industrialização formal do país, do êxodo rural e da urbanização da população. Não estava previsto nas regras do jogo que um dia um operário, nem café-com-leite nem gaúcho, mas oriundo dos grotões do Nordeste, seria presidente.

Pelos cuidados de Vargas com a educação e o ensino é que se percebe como os alunos são peças básicas para uma lavagem cerebral. Confeccionaram-se novos manuais escolares elogiando o ditador e o regime. Entronizou-se seu retrato nas escolas e nas repartições. Compôs-se um hino em seu louvor para ser cantado todos os dias no início das aulas:

> Quem viu a revolução
> Que ameaçava o Brasil nação
> E ao vê-lo independente agora
> Sem politicagens e sem tirania...
> Se bens pensar
> Deves guardar
> Com emoção
> No coração
> Ao presidente Vargas
> Eterna gratidão

Por iniciativa de Vargas criou-se a Petrobras como empresa estatal, além da Companhia Siderúrgica Nacional e outras. Uma guinada como essa na direção do populismo e do nacionalismo deixou sinais visíveis no samba e no carnaval. Data da gestão Vargas a institucionalização, no centro da cidade, do desfile das escolas de samba, antes relegado à periferia. Também se originou aí a obrigatoriedade de o tema do samba-enredo ser patriótico. E da maneira mais tosca, como mostra a análise das letras, inspiradas em manuais escolares dedicados ao culto dos heróis da nação. Tiradentes é o mais votado, seguido de d. Pedro I, da princesa Isabel, de Santos Dumont etc. Tais foram as figuras que dominaram os carnavais das primeiras décadas; e várias outras transcorreriam antes que o panorama se modificasse.

Não menos relevante é que date dessa época o eclipse do tão glorificado *malandro* e o advento do *trabalhador* como protagonista do samba. No início da década, ainda fazem profissão de fé em favor da malandragem *O que será de mim*, de Francisco Alves, Ismael Silva e Nilton Bastos (1931), *Se você jurar*, dos mesmos autores (ainda de 1931), *Lenço no pescoço*, de Wilson Batista (1933), entre muitos outros. O elogio do trabalho predominaria em seguida, em *O bonde São Januário*, de Ataulfo Alves e Wilson Batista (1940) — que "leva mais um operário/ sou eu que vou trabalhar" —, *Pedro do Pedregulho*, de Geraldo Pereira (1950) — que troca seu revólver por uma marmita —, e assim por diante.

Esse é um período a exigir reflexão, um marco nos manuais e na intervenção direta na formação das jovens mentalidades.

Manhas da ditadura

Outro marco incontornável nas políticas culturais data da ditadura militar implantada em 1964.

Uma das primeiras providências tomadas foi substituir os manuais escolares por outros que refletissem o ideário dos novos senhores. Uma lei instituiu a disciplina "educação moral e cívica" em todas as escolas e em todos os níveis de ensino, inclusive nas universidades. (Os estudantes chamavam-na de "educação moral e... cínica"!) Os manuais divulgavam essa disciplina, que ensinava a venerar sobretudo a pátria e a família. Logo os militares perceberiam quão retrógrado era o título e procederiam a um arranjo cosmético, fazendo com que evoluísse para "estudos sociais". Mas mantiveram o conteúdo.

Outra lei considerou "crime contra a segurança nacional" o desrespeito aos símbolos da pátria, como o hino nacional, a bandeira etc. Foi nessa época que nosso ministro da Cultura, Gilberto Gil, tornou-se inimigo do regime, ao se apresentar no Olympia de Paris pisoteando a bandeira brasileira.

Várias campanhas de publicidade disseminaram esses valores. O *slogan* norte-americano *Love it or leave it*, pessimamente traduzido para "Ame-o ou deixe-o", começou a ser reproduzido por toda parte, inclusive em adesivos para carros. Quem não fosse patriota e sustentáculo do regime militar era assim estigmatizado, declarado indesejável e merecedor de exílio.

As canções populares, muito estimadas no Brasil, foram mais ou menos forçadas a aderir a essa linha, a exemplo desta, de Antonio Carlos e Jocafi, tocada com freqüência nas emissoras de rádio e televisão:

> Eu te amo, meu Brasil,
> Eu te amo
> Meu coração é verde-amarelo-branco-azul-anil
> Eu te amo, meu Brasil,
> Eu te amo
> Ninguém segura a juventude do Brasil.
> As praias do Brasil ensolaradas
> Até o nosso sol tem mais calor
> A mão de Deus abençoou
> Quero ficar aqui
> Por que existe amor.

As crianças reagiram com zombarias. Um dia, pilhei um menino cantarolando uma paródia que aprendera na escola e que dizia:

> A maconha no Brasil foi liberada
> Até o presidente já puxou...

Houve também campanhas de âmbito nacional em prol da higiene pessoal, mas inserida na promoção da família e do patriotismo, que sobressaíra, primeiro, no ensino de "educação moral e cívica" e, depois, nos "estudos sociais" e nos manuais escolares.

Foi na vigência dessa ditadura que, em 1967, o conhecido escritor carioca Marques Rebelo,[2] membro ilustre da Academia Brasileira de Letras e que não se distinguia por um perfil direitista, publicou,[3] pelo Ministério da Educação, uma *Antologia escolar brasileira* só com autores confortavelmente mortos, excluindo de modo explícito textos que pudessem atentar contra "princípios políticos, religiosos, raciais e morais". Logo produziria também uma antologia portuguesa.

Do lado da literatura

Mas voltemos a atenção para dois manuais de literatura de dois períodos de democracia, entre os que, felizmente, também vivemos.

O primeiro é anterior à ditadura de 1964 — ano em que foi publicado —, e o segundo, posterior. *Presença da literatura brasileira*, um dos mais influentes entre os manuais, senão o mais influente, hoje ultrapassando as 20 reedições, foi elaborado por dois professores da Universidade de São Paulo, Antonio Candido (o mais importante crítico literário do país) e José Aderaldo Castello. A grande novidade do manual é a introdução dos modernistas, até então ausentes desse tipo de compêndio.

Descartei reproduzir aqui a lista de autores novos, bastando dizer que preenchem um dos três volumes da antologia, o terceiro, que se intitula *O modernismo*. Foi assim que chegaram aos manuais escolares não só os modernistas propriamente ditos, mas Clarice Lispector, Guimarães Rosa, Jorge Amado, Carlos Drummond de Andrade, Murilo Mendes, Cecília Meireles, Graciliano Ramos, José Lins do Rego. E isso com a chancela e as bênçãos da universidade.

O segundo se intitula *Antologia escolar de literatura brasileira* e se deve à iniciativa de três professoras de literatura da Universidade Estadual de São Paulo, Magaly Trindade Gonçalves, Zélia Thomaz de Aquino e Zina Bellodi Silva. O ano é 1998, ou seja, 34 anos após a outra.

---

[2] Autor de *A estrela sobe, Oscarina, O espelho partido* etc.
[3] Ver Secchin, 1998.

A essa altura, o modernismo encontra-se integrado ao cânone, já é ensinado nas escolas e faz parte do concurso de vestibular.

O interesse desse manual reside no fato de as autoras terem se dedicado por longos anos a colecionar e cotejar antologias, de modo a esta se tornar uma espécie de "antologia das antologias". Seu objetivo era justamente recolher apenas as unanimidades, ou o mínimo denominador comum. Esse manual transformou-se num excelente instrumento para uma pesquisa de gosto.

Desse modo, fica patente o sentido da inclusão de escritores das vanguardas posteriores ao modernismo — ou seja, o reconhecimento de que já estão integrados ao gosto —, como o concretismo de Haroldo e Augusto de Campos e demais poetas da Geração de 45. E de ainda outros, independentes, mas da mais alta relevância, como João Cabral de Melo Neto, Mário Faustino, Ferreira Gullar e Adélia Prado. Além de alguns prosadores da linha de frente nas últimas décadas, como Raduan Nassar, de *Lavoura arcaica*, Ignácio de Loyola Brandão, de *Zero*, Moacyr Scliar, de *A estranha nação de Rafael Mendes*, e mesmo dois neo-regionalistas, como o nordestino Francisco Dantas e Luiz Antonio de Assis Brasil, voz gaúcha.

Quando se pensa que a pedra angular dos manuais escolares de literatura, o de Fausto Barreto e Carlos de Laet (1895), ainda incluía numerosos autores portugueses e se orientava pelas normas do beletrismo, é que se pode aquilatar o longo caminho percorrido, que não dispensou a penosa travessia de duas ditaduras. E o quanto os períodos de democracia foram favoráveis à evolução dos paradigmas estéticos.

Referência bibliográfica

SECCHIN, Antonio Carlos. Prefácio. In: GONÇALVES, Magaly Trindade; AQUINO, Zélia Thomaz de; SILVA, Zina Bellodi. *Antologia escolar de literatura brasileira*. São Paulo: Musa, 1998.

Parte V

DESLOCAMENTO: UM MITO?

10

O LUGAR DA EXTERRITORIALIDADE*

*Laurent Jeanpierre**

Um dos traços da guinada ideológica iniciada na França há 30 anos diz respeito ao novo valor atribuído ao deslocamento e à mobilidade. Na década posterior a 1968, a fuga e o vagar foram erigidos ao nível de conceitos críticos e táticas de resistência. A escapada adquiriu dignidade ontológica, sendo-lhe creditada eficácia cognitiva e política; e isso — o fato é bem evidente para ser assinalado — contra a oposição herdada, na tradição histórica e no pensamento estratégico da fuga e da luta, sendo a fuga comparada a uma traição, condenada tanto pelos exércitos quanto pelas nações.

Os protagonistas que, nesse período, constituíram esse conjunto heteróclito, hoje agrupado sob o nome de *French Theory*,[1] desempenham papel decisivo na promoção intelectual e na valorização da idéia de mobilidade. O uso da categoria de exilado ou de nômade tornou-se metáfora da condição pós-moderna. Com ou sem razão, do estrito ponto de vista da exegese filosófica, as noções de "linhas de fuga", "desterritorialização", "nomadismo", *diférance*, assim como a crítica da metafísica da presença e das identidades substanciais ou fechadas, a oposição entre as "heterotopias" e as utopias encontraram grande ressonância nas universidades e em vários

---

* Tradução de Helenice Rodrigues.
** Da Université de Strasbourg III, Institut d'Études Politiques, Strasburg.
[1] Cf. Cusset, 2005.

outros setores da sociedade.[2] A experiência da migração foi revestida, nos estudos literários e nas ciências humanas, de virtudes positivas — algo pouco habitual —, associadas à sua capacidade crítica ou inovadora.[3] Visto que o deslocamento encarnaria a oposição a todo enraizamento e a toda nostalgia da idade do ouro, foi vangloriado para permitir o encontro das culturas, a emergência de um universalismo concreto e de um novo cosmopolitismo. Algumas categorias, cujos empregos eram até então circunscritos, como as "diásporas", conheceram, no espaço de 20 anos, uma difusão considerável, permitindo descrever, sem diferenciação, diversos fatos migratórios e as questões identitárias referentes aos mesmos.[4] Originárias, portanto, de uma outra época histórica, as teorias modernas da experiência urbana, que associam a *flânerie* (Baudelaire, Benjamin) ou a "deriva" (Debord) à soberania ou à emancipação do sujeito metropolitano, foram redescobertas ou reatualizadas para reforçar ainda mais essa nova configuração ideológica.[5] A experiência do deslocamento ou do movimento foi automaticamente colocada em correlação com o progresso individual e social, ou seja, com a mutação. Atualmente, tudo adquire valor positivo, desde que as coisas aconteçam.

Sem reconstituir aqui a genealogia contemporânea, pode-se observar essa forma de pensamento no âmbito de uma reação, muitas vezes de origem filosófica, ao estruturalismo das ciências humanas e sociais, assim como por ocasião do abandono do paradigma marxista e da dialética hegeliana, que parecia sustentá-la; abandono esse que passa, por exemplo, por uma inversão de signos da categoria "alienação". A valorização de uma alienação originária e necessária, verdadeiro exílio de si no mundo e de si

---

[2] Alguns exemplos, na conjuntura mencionada, são originários da geração que precedeu a dos filósofos da *French Theory* e que, muitas vezes, fizeram a ponte entre eles e o marxismo. Ver Axelos, 1969; Blanchot, 1969; Deleuze e Guattari, 1972/73 e 1980; Derrida, 1967; Foucault, 1994:752-762.
[3] Entre outros exemplos, extraídos dos estudos culturais anglo-americanos mais conhecidos, cabe citar Clifford, 1998; Saïd, 1994a e 1994b; Rubin-Suleiman, 1998. Para uma síntese recente desses novos lugares comuns, ver Lapierre, 2004.
[4] Para uma desconstrução da categoria "diásporas" e da corrente pós-moderna que a promoveu, ver Dufoix, 2003:26-28, 34-39.
[5] Ver também, nesse mesmo espírito, os trabalhos de Michel de Certeau posteriores a 1968, em especial Certeau, 1990:139-191.

próprio, opõe-se, em suma, a toda "metafísica da presença", sobretudo, à antiga denúncia da alienação histórica produzida pelas relações sociais instituídas no capitalismo. Essa imposição progressiva do ponto de vista da mobilidade contra aquele do sedentarismo (ou, na ordem política, ao qualificado de imobilista) se fez muitas vezes com aqueles que acreditavam representar a vanguarda das lutas dos anos 1960 e para quem a ancoragem, o enraizamento, ou até mesmo o "estabelecimento",[6] na classe operária, sobretudo, constituíam uma virtude ética e uma política essencial, necessária à estruturação do "movimento social".[7] O elogio da fuga permitiu, então, a convergência das críticas sociais dos aparelhos políticos e sindicais e das críticas filosóficas do estruturalismo em direção a uma denúncia da reprodução da ordem estabelecida, com suas atribuições de posições.[8] O exílio ou o vagar são pensados e vividos nesse quadro como o início de uma possível mudança histórica.

Mobilidade não era, aliás, uma palavra de ordem filosófica na época, mas uma prática social difusa. Basta lembrar, por exemplo, os retornos espetaculares à vida do campo e das comunidades fundadas fora do mundo urbano, as partidas pelas grandes estradas, nos Estados Unidos ou em direção do Oriente, os missionários políticos autoproclamados, também na China e na América Latina etc. Uma parcela daqueles que tinham 20 anos na década posterior a 1968 foi contaminada pelo desejo da fuga em seguida, mas isso não impediu a vontade de um isolamento comunitário e, mesmo, o sedentarismo. Em locais militantes, de grupos políticos, algumas pessoas falaram então em retiro estratégico, as partidas alimentaram a esperança de uma deserção do "sistema", que constituiria o primeiro momento — resistência passiva — de uma construção de novas relações

---

[6] Esse termo remete aos *établis*, isto é, aos estudantes universitários ou aos intelectuais que, na década de 1960, foram trabalhar nas fábricas para exercer sua militância no seio da classe operária e "pregar", ou para melhor entender sua condição.
[7] Como mostrou recentemente o filósofo italiano Giorgio Agamben, é preciso fazer uma genealogia do emprego político da categoria "movimento" na filosofia crítica e radical e, assim, avaliar sua propensão a tender para o lado do elogio da mobilidade.
[8] Para um exemplo extraído da biologia e da cibernética, que resume perfeitamente o humor da época, ver Laborit, 1976. "Revoltar-se", escreve Laborit, "é correr à sua perda, pois a revolta, se ela se realiza em grupo, encontra logo uma escala hierárquica de submissão dentro do grupo, e a revolta só termina rapidamente na submissão do revoltado... Só resta a fuga".

sociais, opostas, no seu fundamento, àquelas instituídas pelo capitalismo. Marxistas heterodoxos, na França (Camatte) e na Itália (Negri), proclamaram a necessidade de abandonar esse mundo, de não mais participar dele, de desviar as energias para fundar, aqui e agora, espaços comunistas. É possível que a *French Theory* tenha sido utilizada para reforçar esses fantasmas. De todo modo, no final dos anos 1970, grande parte da jovem geração anti-stalinista trocou, nem sempre se dando conta, a grande narrativa da luta por aquela do vagar.

Mas, ao mesmo tempo, o inimigo de então, patrões e adeptos, fez igualmente o elogio da mobilidade, de maneira a justificar a reestruturação do capitalismo fordista em novo regime de produção, embasado na flexibilidade, na polivalência e na mudança de atividade entre os diferentes tempos do trabalho ou idades da vida. A mobilidade geográfica, profissional ou social transformou-se, em 30 anos, em componente essencial da nova ideologia dominante.[9] Boa parte do discurso filosófico e político "neolibertário" sobre a fuga, desenvolvido no refluxo de maio de 1968, acompanhou, desse modo, e até reforçou a ascensão triunfante do neoliberalismo. De maneira que, parece-me legítimo indagar, retrospectivamente, se esse discurso foi cúmplice, voluntário ou involuntário, por idealismo ante os mecanismos profundos de toda "desterritorialização".

Não haveria no discurso pós-estruturalista ou pós-marxista, via sobretudo uma metafísica dos fluxos ou da produção, uma negação das determinações, começando pela determinação territorial? A valorização do errar, da fuga, da mobilidade não exprimiria a busca de um lugar sem lugar, a esperança de uma indeterminação radical, tal como a encontramos, por exemplo, atualmente na abordagem desconstrutivista das identidades, ou na abordagem de gênero, com o movimento *queer*?

Algumas décadas antes de o conceito de "desterritorialização" ser imposto, o ensaísta alemão Siegfried Kracauer falara de "exterritorialidade", a fim de compreender tanto sua posição social de intelectual marginalizado na República de Weimar e nos Estados Unidos, sua terra de exílio após 1940, quanto a "exterioridade" ao mundo, a existência de um exterior necessário, segundo ele, a todo pensamento, notadamente à prática dos histo-

---

[9] Boltanski e Chiappello, 1999:445-461.

riadores.[10] A inflexão teórica e prática de parte da crítica filosófica e social de uma ontologia do conflito, para uma fuga da ontologia ou, nas versões mais fracas, uma ontologia da fuga, a partir dos anos 1970, retomou em grande parte o mito positivo da marginalidade, do desvio e do estrangeiro que Kracauer herdou como toda uma tradição vanguardista.

Embora correndo o risco, neste estudo, de decepcionar, "*les nouvelles de nulle part*"[11] não são boas. Apesar da imposição do *ponto de vista da mobilidade*, diversos trabalhos de ciências humanas sobre os movimentos migratórios demonstram continuamente que o deslocamento nada tem de automaticamente benéfico ou positivo. O deslocamento não basta nem para abolir as fronteiras simbólicas entre grupos, nem para se livrar das remanescências do passado, ele permanece muitas vezes um projeto de liberação inacabado. É a partir de tal constatação que convém reformular a questão do aporte político dos movimentos de abandono do mundo ou de migração.

A tarefa que nos compete não é mais a de exaltar, diante da grande multiplicidade dos laços sociais do humano, o exílio metafísico de si mesmo e do mundo, sua capacidade de movimento e de transformação, muito menos, certamente, a de voltar a uma concepção estática ou determinista do sujeito e de suas práticas, mas a de pensar a fuga e a luta como dois momentos constitutivos do agir, de apreender a articulação dinâmica das mesmas e seus efeitos políticos, tais como eles se manifestaram na história e, se possível, extrair conclusões no presente.

Figuras de mobilidade

A primeira ilusão de ótica dos que acreditam na "desterritorialização" deve-se à supervalorização do peso da experiência da mobilidade nas sociedades contemporâneas. Inicialmente, existe uma supervalorização numérica, pois só se contabilizam 155 milhões de pessoas — ou seja, menos de 3% da população mundial — que tenham nascido em outro país que

---

[10] O conceito de exterritorialidade provém de Georg Simmel (1989). Sobre Kracauer e a exterritorialidade, ver Jay, 1986; e Traverso, 2003.
[11] "As notícias de lugar nenhum", nome de uma revista de William Morris publicada no século XIX.

não o seu lugar de residência, embora esse número tenda a aumentar em ritmo mais acelerado.

Em seguida, a revisão histórica, pois o nomadismo, longe de ser o resultado da história, é, como sabemos, o ponto de partida. Na escala da história da espécie, o sedentarismo representa um projeto social e econômico recente. Em termos de longa duração, sem dúvida, admitimos que um movimento em direção ao movimento se configurou por volta do século XI ocidental, ao mesmo tempo em que se iniciavam as cruzadas, quando as estruturas feudais começavam sua mutação interna. Mas essa lenta evolução conheceu fortes inflexões e reduções, como no início do século XX, quando as migrações internacionais começaram a ser reguladas pelos Estados-nações.[12]

As primeiras teorias sociais e históricas da migração datam apenas de algumas décadas atrás. Então, nossos conhecimentos sobre esses fenômenos são recentes e submetidos a conjecturas. Assim, ao contrário do que os demógrafos insinuaram durante muito tempo, parece não haver correlação entre a modernidade econômica e a mobilidade crescente dos homens, como é o caso da transição demográfica. Em suma, a migração é ainda uma idéia relativamente nova na Europa e fora dela, não sendo a conseqüência natural da industrialização e do capitalismo.[13]

Diria que tal constatação seria invertida, em uma escala menor, local ou nacional. São cada vez mais raros os indivíduos que não abandonaram seu ambiente de origem ou seu lugar de socialização primária. Os homens não morrem mais onde nasceram. Em outras palavras, todos nós somos desenraizados. Nesse sentido, a mobilidade geográfica e social é, com certeza, a experiência cardinal dos tempos modernos. Não se trata mais de uma maledicência minoritária, mas de uma condição majoritária, o que justifica considerá-la a primeira das virtudes. Aqui, ainda, a lição do historiador permite o abandono das conclusões precipitadas. Se, após o século XVIII, o capitalismo desarraigou, no Ocidente, os camponeses de sua terra, transformou-os novamente em sedentários nos locais industriais. O estabelecimento da manufatura, a institucionalização do salário e,

---

[12] Hoerder, 2001.
[13] Nugent, 1966.

mais tarde, da grande indústria seguiram assim o curso de uma migração terminada, imobilizada. A mobilidade foi necessária para a constituição histórica de uma força de trabalho concentrada. No entanto, a circulação dessa força, uma vez constituída, deixou de ser livre.

A "desterritorialização" moderna é, assim, por definição, controlada e entravada, o que testemunham, também há um século, as restrições cada vez maiores das políticas migratórias nacionais. Esse controle pode ser chamado de *o tempo dos documentos*. O mundo contemporâneo pode bem ser "pós-nacional", "pós-colonial", até mesmo "imperial", como parecem acreditar os nômades da mundialização; no entanto, ele não deixa de produzir um "*apartheid* global".[14] Imigrantes sem documentos e campos de retenção, guetos e favelas se multiplicam em todos os continentes. Além do mais, as migrações forçadas não desapareceram, elas representam mesmo uma parte crescente das migrações internacionais. A demanda de asilo cresce em todo o mundo, mesmo tendendo a não ter êxito, o que contradiz as leis elementares da hospitalidade, assim como mais de dois séculos de direito revolucionário na França.

A experiência da mobilidade é uma das mais diferenciadas, sendo por isso mesmo insensato pretender traçar um retrato unívoco de suas supostas virtudes. Quando acreditamos que ultrapassamos fronteiras, que nos desembaraçamos das hierarquias locais, outras fronteiras aparecem entre os próprios migrantes, que, apesar das solidariedades comunitárias e das origens semelhantes, acabam se separando entre si. Jamais existirão pontos em comum entre os intelectuais cosmopolitas ou os executivos internacionais, que atravessam os territórios sem qualquer dificuldade, e os migrantes pobres, que fogem da miséria ou da violência étnica. No nível da atividade transnacional, existem então duas mundializações, uma voltada para cima e outra "para baixo".[15] A distinção não é apenas econômica. Ela remete ao conjunto da experiência migratória, como à capacidade, por exemplo, de se aproveitar do suposto hibridismo das culturas contemporâneas sem que, na verdade, exista qualquer interferência de uma cultura na outra, dentro de uma sociedade ou entre diversos países. Os geógrafos distinguem, as-

---

[14] Hoerder, 2001.
[15] Tarrius, 2002.

sim, atualmente, diversas combinações entre capitais econômicos, sociais e também espaciais — alguma coisa como um hábito de mobilidade — para explicar a diversidade dos perfis migratórios.[16] Outra omissão: os estudos migratórios atestam que o território da chegada estrutura os destinos dos deslocados.

Retornar à terra quando se é urbano, como ocorreu algumas vezes no Ocidente nos anos 1970, significava, por exemplo, se submeter inevitavelmente às leis do mundo agrícola, que não são nem menos negativas nem menos autônomas que as dos outros mundos sociais. E quando se pensa que as fronteiras foram ultrapassadas e que o espaço do deslocamento foi aplainado, estes reaparecem interiorizados como remanescências do passado ou resistências ao presente.

Não é evidente a aptidão de se fazer o luto das ligações afetivas e não mais levar consigo o território imaginado das origens. Finalmente, raras são as pessoas que podem ou sabem habitar a exterritorialidade, o entre-dois-mundos do deslocamento contínuo, de onde jamais as pessoas voltam ou passam de um lado para o outro da fronteira dos territórios. Todavia, em nome de um respeito infinito pelas diferenças, o discurso encantado em torno do exílio e do vagar finge ignorar essas diferenças.

A partir de vários extratos de experiências migratórias vividas, constatei que o discurso do "nomadismo" não é um discurso de verdade, ele preenche uma função ideológica, sobretudo a de fazer admitir a mobilidade como grandeza, a de naturalizar as regras de um mundo conexionista, onde o capital social — os laços tecidos com o Outro, seu número, sua forma — e a aptidão de passar de um espaço a outro aparecem como trunfos cada vez mais determinantes na concorrência entre os homens.[17] Assim, os discursos da mundialização e os discursos da "desterritorialização" são congruentes e complementares. Tal configuração ideológica não é algo novo. Nos anos 1950 e 1960, os sociólogos, postulando a existência de classes sociais, enfrentaram teorias que promoviam a importância da mobilidade social entre classes e também as virtudes reguladoras desta última, principalmente em relação ao enredo da luta de classes. Baseando-se

---

[16] Lévy, 2003.
[17] Cf. Maffesoli, 1997; e Attali, 2003.

nessa tese, que servia também aos objetivos da Guerra Fria, certos traços da sociedade americana foram selecionados e colocados em oposição às características das sociedades européias, julgadas, a partir daí, arcaicas. O elogio da mobilidade nas ciências sociais, há mais de um século — pensemos também em Pareto —, serve assim, de maneira regular, à dissimulação ou à conjuração do conflito histórico. Poderíamos continuar a caracterizar a dinâmica do capitalismo pela rapidez e pelo desaparecimento progressivo das distâncias.[18] De fato, toda luta para transformar as relações de poder é também uma luta para reorganizar suas bases espaciais: por essa razão o capitalismo "desterritorializa" e "reterritorializa" constantemente. A fuga não é necessariamente um valor positivo, e não é também suficiente para contestar a ordem estabelecida.[19]

Linhas de fuga e tomada de armas

Como o ponto de vista da mobilidade recalca as divisões e as lutas, não foi por acaso que se impôs no refluxo dos acontecimentos de maio de 1968, num momento em que a retirada (o abandono) apareceu como uma alternativa estratégica ao conflito. Este último resultou, tanto na França quanto fora dela, em diversas derrotas, pelo menos para os grupos que depositaram mais esperanças nele. Raríssimos foram os pensadores que, a partir desse momento histórico, procuraram abandonar a alternativa entre as duas visões de mundo, a da luta e a da fuga. Eis abaixo, no entanto, uma célebre passagem de Gilles Deleuze, extraída de uma entrevista concedida após 1968.

> Reconhecemos, sumariamente, um marxista quando ele afirma que uma sociedade se contradiz, que ela se define pelas suas contradições e, sobretudo, pelas contradições de classes. Nós dizemos, de preferência, que, numa sociedade, tudo foge e que uma sociedade se define por suas linhas de fuga (...). As grandes aventuras geográficas da história são linhas de fuga, ou seja, as longas marchas, a pé, a cavalo ou em navio: a dos hebreus no deser-

---

[18] Virilio, 1977.
[19] Harvey, 1995.

to, a de Genséric, o vândalo que atravessou o Mediterrâneo, a dos nômades através das estepes, a longa marcha dos chineses — é sempre em uma linha de fuga que, certamente, se cria, não porque se imagina ou porque se sonha, mas, ao contrário, porque se traça nessa sociedade o real e se compõe um plano de consistência. *Fugir, mas, fugindo, procurar uma arma.*[20]

Esta última frase indica a distância entre a filosofia de Deleuze e a maior parte de suas interpretações contemporâneas. Se, para ele, o conflito não estrutura o campo social, a fuga, por si só, não seria capaz de ser auto-suficiente, sem o recurso de um suplemento — esse suplemento da arma.

Essa questão foi formalizada na mesma época pelo economista heterodoxo americano de origem alemã Albert Hirschman. Em 1970, ele se indagou sobre a articulação dinâmica entre o que nomeia os comportamentos de "defecção" e os comportamentos de "*prise de parole*".[21] O argumento começa com uma reflexão sobre a importação de comportamentos políticos na esfera econômica e, reciprocamente, comportamentos julgados "irracionais" ou "desviantes" nos seus respectivos mundos. Esse argumento permite também uma comparação entre a sociedade americana, que, para se transformar, favorece a defecção, e a sociedade européia, que privilegiaria a "*prise de parole*".[22] Hirschman pensa, então, as deserções comunitárias dos insatisfeitos dos anos 1960/70 como válvulas de escape. De uma maneira mais geral, ele propõe considerar a vida política como se ela fosse submetida a ciclos, marcada por fases alternativas, nas quais o repertório político principal é a fuga, e outros momentos em que a luta predomina. Assim, nos anos 1970, e sobretudo nos 80, os americanos teriam concedido espaço a uma retirada em direção à "felicidade privada", suplantando a "ação pública" da década precedente.[23] Inicialmente, Hirschman pensa, como aliás toda a tradição anterior a ele, que os comportamentos de fuga e de luta mantêm entre si uma relação de ordem hidráulica: quando os

---

[20] Deleuze e Parnet, 1977:163-164.
[21] Hirschman, 1995b.
[22] Trata-se da célebre tese de Turner (1920), na qual o mito da fronteira nos Estados Unidos foi a causa da ausência de um movimento operário ou social capaz de provocar uma ruptura histórica.
[23] Hirschman, 1983.

primeiros crescem, os segundos decrescem. A fuga é o "resíduo" da luta, ela teria lugar "após se fazer um julgamento sobre a possibilidade de se utilizar, de modo eficaz, a *prise de parole*".[24]

No entanto, a interação da defecção e da *prise de parole* não é apenas uma relação de sucessão ou de substituição, a primeira dando continuidade quando a segunda esgota suas possibilidades. Hirschman percebeu (os acontecimentos que conduziram à queda do muro de Berlim são reveladores) que, em certas ocasiões, fuga e luta se reforçam mutuamente. Assim, a defecção pode servir de sinal para a resistência, os indivíduos "dotados de maior flexibilidade para a ação tomam consciência de toda uma gama de escolhas que lhes são oferecidas e se interessam mais em explorá-las".[25] Em outros casos, quando os deslocamentos provocam desclassificações sociais importantes, eles são suscetíveis de provocar uma politização e uma radicalização ulteriores. Em regra geral, a politização dos errantes, daqueles que vagam, dos migrantes de primeira e até mesmo de segunda geração, daqueles que não mais estão submetidos a nada, como são em parte os desempregados, constitui uma das mais improváveis mobilizações na história. Sem a menor dúvida, essas mobilidades necessitam de novos registros de ação, que em boa parte ainda não foram inventados. Em todo caso, existe um conjunto de estratégias mistas em que a mobilidade e o conflito não são mais, na escala social, comportamentos mutuamente exclusivos. Pode-se mesmo levantar a hipótese de que, para cada grupo, classe, nação, existe um ponto no qual a ação dos dois tipos de comportamento funciona plenamente para provocar a mais satisfatória e profunda transformação. Hirschman propõe, aliás, estabelecer uma classificação das entidades sociais em função de sua sensibilidade aos comportamentos de fuga ou de oposição a ela, e de sua capacidade de se metamorfosearem. Compreender como a luta e a fuga interagem em escala planetária na expansão do capitalismo, principalmente segundo os graus de reatividade das diferentes entidades sociais pressionadas por elas, seria então uma das questões atuais mais urgentes.

O caráter marcante das conjecturas de Hirschman deve-se tanto a essa possibilidade, aqui sugerida, de suas extensões, quanto a suas pro-

---

[24] Hirschman, 1995b:63.
[25] Hirschman, 1995a:26.

fundas fixações antropológicas. Por um lado, trata-se de pensar em um *continuum* — de acordo com diferenças de graus — fenômenos como a migração interior ou exterior, o exílio, o retiro comunitário, a "desobediência civil" (desde Thoreau), a recusa do trabalho, a oposição, a militância e a luta e, assim, suspender o julgamento moral ou o anátema político dos mesmos, na espera de um melhor conhecimento de seus efeitos conjugados.[26] No plano das idéias, isso equivaleria a pensar para além da oposição entre marxismo e pós-modernismo (ou, no plano político, marxismo e anarquismo) a fim de poder considerar suas profundas continuidades ou solidariedade. Por outro lado, a alternância entre fuga e luta não é somente uma hipótese sócio-histórica, mas um dos traços fundamentais da vida animal, como o desenvolvimento psicológico. Os etólogos mostram que a defecção é um dos modos de regulação privilegiado do encontro entre espécies, o que não impede a ocorrência da predação ou da seleção natural em outras circunstâncias ou em escalas temporais mais longas. Num outro plano, o psicanalítico, hipóteses comprovam que o desejo humano, longe de se reduzir à simples positividade biológica da libido, é fruto de uma alternância ou de uma intermitência constitutiva. Esse desejo nunca funciona como alguma coisa dada, que o sujeito possui, mas como o efeito de um jogo originário em um espaço inventado que não se situa nem dentro nem fora.[27] Por fim, a antropologia, quando admite que as práticas do dom e do contradom representam o reverso de uma economia da honra e funcionam como desafios e respostas, deve também reconhecer a possibilidade de recusar a réplica e abandonar o jogo. Os esboços de Hirschman nos convidam a reavaliar politicamente o conjunto desses fenômenos naturais e sociais e a abandonar a falsa alternativa entre "desterritorialização" e "reterritorialização", entre filosofias do conflito e filosofias da mobilidade, inspiradas ou não na *French Theory*.[28]

---

[26] Para o estabelecimento de uma relação entre diferentes "modos de não-conformidade", notadamente o exílio, o exílio interior, a rebelião e a vagabundagem, ver as reflexões pioneiras de Raymond Williams (1965).
[27] Winnicott, 1975.
[28] Para um esclarecimento desses conceitos em Deleuze e Guattari, ver Zourabichvili, 2003:27-29.

A significação política do deslocamento

Retomemos, sob esse ângulo, as questões levantadas por alguns casos famosos de existência entre-dois-mundos. Um exemplo paradigmático é, evidentemente, apresentado pela história judia, na qual a tradição de exílio se confronta com a tradição territorial, a tal ponto que a posição da filosofia política entre os comportamentos de fuga e de luta poderia derivar dessa própria história. No entanto, essa mesma história é também uma história na qual a fuga e a luta se reforçaram mutuamente, através da criação histórica de uma tradição autônoma, de um povo sem território, sendo seguida, no final de um longo desvio, também pela constituição de uma nação.

Alguns historiadores consideram que a narrativa do Êxodo desempenhou um papel matricial na formação das aspirações revolucionárias. Para eles, o exílio por si só não seria suficiente para construir uma nova comunidade política, pelo simples fato de que o homem sem amarras é apenas uma ficção metafísica, quando se observa que o exilado aspira a se exilar do próprio exílio ou que o homem livre tende rapidamente a se acreditar liberado da liberdade.[29] Se uma parte da Cabala começou a inverter o signo do exílio, associando-o à redenção, a figura mítica do judeu errante afirma o contrário; segundo Kracauer, por exemplo, a exterritorialidade judia se paga com uma imortalidade que exclui toda salvação possível. Essas questões foram objeto de tais querelas que seria ridículo pretender concluí-las nesse momento. Aliás, não se exclui que a recorrência dos conflitos em relação ao sentido do Êxodo e o caráter interminável ou irresoluto desses conflitos permitiram na tradição judia, como em nenhuma outra configuração social, enodar, sem as opor, a política da fuga e a política da luta.

A Idade Média cristã pode fornecer outros exemplos em que a mobilidade e a mudança social dialogam de maneira bem mais evidente do que na hipótese feita hoje em relação a todos os tipos de deslocados. O historiador Alphonse Dupront (1997), por exemplo, mostrou a força do "mito das cruzadas" no espírito de conquista e no espírito revolucionário

---

[29] "O paradoxo do Êxodo e de todas as lutas de libertação que se seguiram é que o povo, simultaneamente, quer e não quer abandonar para sempre o Egito. As pessoas querem ser livres e esperam sempre escapar a suas novas liberdades" (Waltzer, 1986:91).

europeus até o início do século XX. Para além de seus sinistros efeitos, sobretudo no que diz respeito aos judeus europeus, a Cruzada foi principalmente uma revolução em relação à imobilidade monástica. Pulsão dos humildes, ela manteve laços orgânicos com as ordens mendicantes e com a pobreza. E mesmo que não se deva confundi-la com "uma luta das classes antes das classes", as transformações que ela operou nos indivíduos, na representação do mundo ocidental, no equilíbrio político da época entre o Oriente e o Ocidente, a reação (no sentido duplo do termo) que ela ofereceu à primeira urbanização e ao deslocamento do mundo unitário anterior permitiram que a cruzada funcionasse como uma "revolução (...) para que não haja revolução".[30]

Outra trama feita de fuga e luta foi encarnada, na mesma época, pelas figuras dos "senhores bandidos". Eram os filhos caçulas sem herança, que abandonavam o domínio feudal para formar exércitos de rebeldes e pilhar castelos. Soberanos sem terras, eles eram ao mesmo tempo errantes e combatentes, assim como se imagina hoje que sejam os chefes "terroristas" do Islã radical. Eles se "reterritorializam" através do exército e do dinheiro. Pois, tanto na Cruzada quanto na pilhagem, a igualdade é um princípio de partida, embora as hierarquias sejam sempre poderosas no final.

O mesmo aconteceu, como se sabe hoje, com os grandes deslocamentos utópicos dos dois últimos séculos. Se o elogio do errar (da "atopia") é uma ideologia propriamente pós-moderna, a procura utópica, por sua vez, representou a forma moderna da dificuldade de pensar simultaneamente os efeitos da fuga e da luta. Tomemos o exemplo bem conhecido do cidadão Cabet, que partiu da França para os Estados Unidos em 1848 com o objetivo de fundar uma comunidade dita comunista — a Icarie —, levando consigo aproximadamente 500 operários. Trata-se da experiência comunitária não-religiosa de mais longa duração na história americana. Em nome da defesa da luta de classes na Europa e do enfraquecimento que a esperança utópica e os deslocamentos de operários formados politicamente poderiam provocar no movimento histórico, Marx era crítico quanto ao projeto de Cabet.[31] O autoritarismo, o paternalismo e o igua-

---

[30] Dupront, 1997:1.464.
[31] Marin, 1973.

litarismo contraditórios deste último foram também denunciados pelos historiadores ou pelos teóricos revolucionários posteriormente. Com o tempo, a comunidade operária francesa exilada se incorporou, aliás, à tradição republicana e conservadora americana. Mas os limites dessa "defecção" comunitária talvez apareçam melhor na contradição entre a escolha da autarcia produtiva e a necessidade de um endividamento cada vez maior pelas subscrições feitas junto a amigos desses exilados que permaneceram na França. A questão da abertura da comunidade ao intercâmbio encontra-se também nas decisões de novas admissões — enquanto os peregrinos (*pilgrims*) se multiplicavam — e nas condições colocadas coletivamente pelos deslocamentos, ou partidas. Não é tanto a recusa da luta que finalmente caracteriza a aventura utópica, mas a resistência a ir até o final das estratégias de fuga ou de recuo.

A suspensão das relações de poder na amizade, no amor, nas comunidades políticas, e de afinidades como aquelas das décadas de 1960 e 70, ou em certos *squats* a partir de então, encontra dificuldades em não se transformar em uma negação das mesmas. Tal como o exílio de Cabet, esses exílios são quase sempre ameaçados pela fixação na composição social, no espaço territorial, assim como na ordem de importância de cada membro.

Por fim, os deslocamentos produzem efeitos sociais bem diversos, dependendo do número e do *status* daqueles que partem, da freqüência das defecções, das estruturas do espaço social de partida e, sobretudo, das estruturas do espaço social de chegada. Existem "distanciamentos" que chegam a criar outro território, outra sociedade, em mutação permanente, como no caso da tradição judia. Note-se que, historicamente, qualquer setor social — por exemplo a religião, a cultura ou a economia — pode servir de espaço de "reterritorialização" política, sobretudo nas sociedades não diferenciadas, como no Ocidente medieval. Quanto ao espaço de partida, o distanciamento pode também conduzir, como no caso das Cruzadas, a uma extensão e aumento do poder ou, ao contrário, como no caso dos "senhores bandidos", a uma oposição e, por vezes, a um aumento dos recursos do espaço social de acolhimento, mesmo sendo ele instável. O fracasso da aventura icariana no século XIX, por sua vez, nos lembra que as partidas podem às vezes nos levar a uma dupla imobilização, pois, em vez de contribuirem para o rompimento da ordem social ou histórica, submetem-se duplamente às ordens social e histórica.

É evidente que essa breve tipologia não esgota absolutamente o necessário estudo das estratégias coletivas que mesclam fuga e luta. No melhor dos casos, trata-se apenas de uma prévia. Um de seus únicos méritos talvez seja o de lembrar que em toda fuga existe uma tensão entre duas dimensões: sua extensão, o desmoronamento espacial ou social dos grupos de deslocados, e a concentração afetiva dos membros de cada um deles. Pode-se deduzir daí os modelos espaciais clássicos de representações das utopias, a ilha e o arquipélago, notadamente, mas também suas novas figuras, reticulares ou atomizadas.

Dois fatos contemporâneos confirmam ainda a crescente mescla dos comportamentos de mobilidade e de luta. O primeiro é a existência de entidades sociais e políticas transnacionais, que devem ser distinguidas dos Estados-nações "desterritorializados", cuja idade de ouro, bem curta, talvez se encontre no nosso passado. O caso das comunidades indígenas da América Latina, que não migraram, mas que, em parte, se retiraram da evolução econômica e social de seus países, seria um bom exemplo. Do mesmo modo, questiono a função política de certas comunidades transnacionais, como as diásporas indianas ou chinesas. O poder econômico adquirido pelos migrantes pode se converter em certos casos em poder político, mesmo após várias gerações e mesmo quando eles obtiveram outra nacionalidade. O segundo fato refere-se ao recente reconhecimento, por um tribunal argentino, da dívida do Estado para com as pessoas que fugiram das perseguições dos anos 1970 e o acordo firmado para a indenização de uma dessas pessoas, cujo caso talvez crie jurisprudência. Trata-se de um acontecimento extraordinário, quando se levam em conta as represálias e as humilhações quase sempre adotadas por aqueles que não se exilaram, após uma crise política, contra os exilados que regressam ao país. Pela primeira vez, o exílio foi reconhecido, simultaneamente, como dano moral e, sobretudo, como ato político, não mais representando uma traição em relação àqueles que resistiram sem deixar seus países.

Como mostram esses poucos exemplos, a avaliação estratégica dos deslocamentos históricos poderia colocar novos problemas para a filosofia política. Parte desta última se fundamentou, nestas últimas décadas, nas novas concepções de mobilidade ou de identidade originárias do discurso da *French Theory*. O discurso sobre a "comunidade daqueles que não têm comunidade"; as filosofias da "singularidade insignificante", que tomam o sentido contrário das políticas identitárias; a busca pela figura histórica do *denizen*[32] (que se opõe ao *citizen*, o cidadão) dos países anglo-americanos; o apelo à superação das utopias tradicionais e insulares por zonas de autonomia temporária (TAZ) funcionando em arquipélago sem dúvida representam um horizonte imaginário fecundo para a ação política de nossa época. No entanto, elas deixam de lado o conjunto das resistências e das retroações que fazem delas utopias mais abstratas que concretas, morais inéditas mais do que formas de vida efetivas.

Minha proposta de uma análise dinâmica dos atos de fuga e de luta procede, ao contrário, de um hiper-realismo crítico. Ela se distingue, todavia, de outra forma de realismo, a cartografia, que na maioria das vezes faz a crítica do pós-modernismo ou o elogio da fuga. Na sua busca pelos traços fundamentais do pós-modernismo, o crítico literário americano Frederic Jameson (1991:51) de fato propôs desenvolver uma nova arte política, a arte da cartografia, como momento de uma reconquista progressiva dos lugares, ante a suposta ascensão das mobilidades e das identidades plurais. De maneira mais ou menos consciente, a arte contemporânea dos últimos anos apreendeu igualmente essa proposta. Atualmente, e em todas as escalas, os mapas dos fluxos de intercâmbio ou das relações de dominação proliferam no seio da mundialização. Eles "territorializam" o poder sem nada dizer sobre a poderosa capacidade das "exterritorialidades", das fugas de nossas lutas e das forças de nossas fugas.

Referências bibliográficas

ATTALI, Jacques. *L'homme nomade*. Paris: Fayard, 2003.

AXELOS, Kostas. *Le jeu du monde*. Paris: Minuit, 1969.

BLANCHOT, Maurice. *L'éntretien infini*. Paris: Gallimard, 1969.

BOLTANSKI, Luc; CHIAPPELLO, Ève. *Le nouvel esprit du capitalisme*. Paris: Gallimard, 1999.

---

[32] *Denizen* significa morador estrangeiro num país anfitrião.

BOURDIEU, Pierre. "Le mort saisit le vif. Les relations entre l'histoire réiffiée et l'histoire incorporée". *Actes de recherche en sciences sociales*, n. 32/33, avr./juin 1980.

──────. Le sens de l'honneur. In: *Esquisse d'une théorie de la pratique*. [1972] Paris: Seuil, 2000.

CERTEAU, Michel de. *L'invention du quotidien I — l'art de faire*. [1980] Paris: Folio, 1990.

CLIFFORD, James. *Malaise dans la culture. L'éthnographie, la littérature et l'art au XX siècle*. Paris: ENSB, 1998.

CUSSET, François. *French theory — Foucault, Derrida, Deleuze & Cie. et les mutations de la vie intellectuel aux États-Unis*. Paris: La Découverte, 2005.

DELEUZE, Gilles; GUATTARI, Félix. *L'Anti-Oedipe, capitalisme et schizophrénie I*. Paris: Minuit, 1972/1973.

──────; ──────. *Mille plateaux, capitalisme et schizophrénie 2*. Paris: Minuit, 1980.

──────; PARNET, Claire. *Dialogues*. Paris: Flammarion, 1977.

DERRIDA, Jacques. *L'écriture et la différence*. Paris: Seuil, 1967.

DUFOIX, Stéphane. *Les diasporas*. Paris: PUF, 2003. (Que sais-je?)

DUPRONT, Alphonse. *Le mythe de croisade*. [1956] Paris: Gallimard, 1997. t. III.

FOUCAULT, Michel. Des espaces autres. In: *Dits et écrits — 1954-1988*. Paris: Gallimard, 1994. t. 4, p. 752-762.

HARVEY, David. *The condition of postmodernity: an enquiry into the origins of cultural change*. Cambridge, Oxford: Blackwell, 1995.

HIRSCHMAN, Albert O. *Bonheur privé, action publique*. Paris: Fayard, 1983.

──────. *Un certain penchant à l'auto-subversion*. Paris: Fayard, 1995a.

──────. *Défection et prise de parole; théorie et aplication*. [1970] Paris: Fayard, 1995b.

HOERDER, Dirck. *Cultures in contact. European and word migrations, 11th century to the 1990s*. Durham: Duke University Press, 2001.

JAMESON, Frederic. *Postmodernism or the cultural logic of late capitalism*. Durham: Duke University Press, 1991.

JAY, Martin. The extraterritorial life of Sigfried Kracauer. In: *Permanent exiles. Essays on the intellectual migration from Germany to America*. New York: Columbia University Press, 1986.

LABORIT, Henri. *Eloge de la fuite*. Paris: Robert Laffont, 1976.

LAPIERRE, Nicole. *Pensons ailleurs*. Paris: Stock, 2004.

LEVY, Jacques. Capital spacial. In: LÉVY, Jacques; LUSSAULT, Michel (Dirs.). *Dictionnaire de la géographie et de l'espace des sociétés*. Paris: Belin, 2003.

MAFFESOLI, Michel. *Du nomadisme*. Paris: Le Livre de Poche, 1997.

MARIN, Louis. L'utopie n'est pas un projet politique ou Le projet du citoyen Cabet. In: *Utopiques: jeux d'espaces*. Paris: Minuit, 1973.

NUGENT, Walter. Demographic aspects of European migrants. In: HOERDER, Dirk; MOCH, Leslie Page (Eds.). *European migrants. Global and local perspectives*. Boston: Northeastern University Press, 1996.

RUBIN-SULEIMAN, Susan (Ed.). *Exile and creativity, signposts, travelers, outsiders, backward glances*. Durham, London: Duke University Press, 1998.

SAÏD, Edward. Reflections on exile. In: ROBINSON, Marc (Ed.). *Altogether elsewhere: writers on exile*. Boston, London: Faber & Faber, 1994a.

———. Intellectual exile: expatriates and marginals. In: SAÏD, E. *Representations of the intellectual*. New York, Pantheon Books, 1994b.

SIMMEL, Georg. L'exterritorialité de l'aventure. In: *Philosophie de la modernité I*. Paris: Payot, 1989.

TARRIUS, Alain. *La mondialisation par le bas. Les nouveaux nômades de l'économie souterraine*. Paris: Ballard, 2002.

TRAVERSO, Enzo. Sous le signe de l'exterritorialité: Kracauer et la modernité juive. In: *La pensée dispersée*. Paris: Léo Scheer, 2003.

TURNER, Frederick Jackson. *The frontier in American history*. New York: Henry Holt, 1920.

VIRILIO, Paul. *Vitesse et politique: essai de dromologie*. Paris: Galilée, 1977.

WALTZER, Michael. *De l'exode à la liberté. Essai sur la sortie d'Egypte.* Paris: Calmann-Lévy, 1986.

WILLIAMS, Raymond. *The long revolution.* [1961] Harmondsworth: Penguin, 1965.

WINNICOTT, D. W. *Jeu et réalité. L'espace potentiel.* [1971] Paris: Gallimard, 1975.

ZOURABICHVILI, François. *Le vocabulaire de Deleuze.* Paris: Ellipses, 2003.

Esta obra foi Impressa pelo
Armazém das Letras Gráfica e Editora Ltda.
Rua Prefeito Olímpio de Melo, 1599 – CEP 20930-001
Rio de Janeiro – RJ – Tel. / Fax .: (21) 3860-1903
e.mail:aletras@veloxmail.com.br